FOG LINEN WORK の服

パターンの本

著 | fog linen work   パタンナー | キタ ユキコ

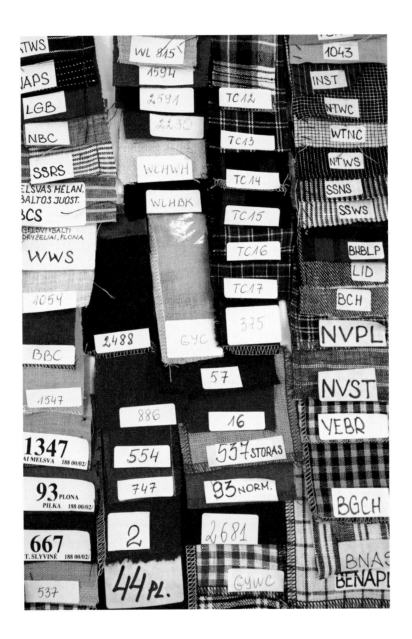

FOG LINEN WORK は「普段使いのリネン」を
テーマにしたブランドです

ブランドを立ち上げた当初はキッチンクロスやエプロンなど、デザインも縫製もシンプルなリネン製品をリトアニアの工場で作っていました。
そのうちに、fog linen workブランドの洋服も作るように。

fog linen workの洋服は、当初、リトアニアの工場のパタンナーと相談して作っておりました。そのパタンナーともたくさんの洋服を作ってきたのですが、リトアニアの方と日本人との体格が違うことや、こだわるポイントが少し違っていたりと、細かなディテールの指示出しを難しく感じていたころ、パタンナーのキタユキコさんと出会いました。今思うと、リトアニアのパタンナーと作っていた服はインポートブランドの洋服というような感じだったかもしれません。

現在は、毎シーズン、イメージを描いたスケッチをキタさんにお渡ししてパターンを作ってもらい、リトアニアの工場でサンプルを作成。リトアニアからサンプルが上がってくるときは、いつもワクワクします。

リトアニアのパタンナーとのパターンを含め、これまでに作った洋服は、品番数をみると、1600型くらい。
その中にはサンプルだけで製品化していないものもあるのですが、ずいぶんたくさんの洋服を作ってきました。

fogでは、1シーズンだけの展開で、その後販売しない型も多く、また「one size fit all」というコンセプトなのでワンサイズのみの展開です。
今回のソーイングブックでは今までのアーカイブの中から、作りやすそうで、おしゃれなものを選びました。また、サイズも展開しましたので、いろいろお試しいただけると嬉しいです。

CONTENTS

LUNA TOP

ルナトップ（半袖）

シルエットがきれいなスタンドカ
ラーの半袖トップス。前後差があ
り、真夏にもさらりと着られます。

———

How to make ⇒ p.49

ICHIKA
SKIRT
イチカスカート

ウエストゴムのシンプルなス
カートは人気のアイテム。4
枚はぎで自然な立体感があ
り、サイドからのシルエット
も素敵です。

———
How to make ⇒ p.50

LUNA TOP

ルナトップ（長袖）

p.08の長袖バージョン。半袖同様、前後差の
あるデザインで、そのままパンツやスカートと
合わせやすい丈感です。

———
How to make ⇒ p.46

ADALIE TOP
アダリートップ

首回りに通したアクセントカラー
のリボンがポイント。前後どちら
を前にしても着られる、作りやす
くて着やすいフレンチスリーブの
ブラウス。

―――
How to make ⇒ p.53

写真上／首回りに通したリボンでネックラインを自由に調整できるので、着こなしの幅が広がります。

TRUDA
DRESS

トゥーダワンピース

Y字にとった前身頃に、両サイドからバックにかけてぐるりとウエストラインにギャザーを寄せた360度どの角度から見ても素敵なデザイン。1枚で着るのはもちろん、パンツを合わせても！両サイドポケットつき。

———
How to make ⇒ p.57

PETTIPANTS

ペチパンツ

チュニックやワンピースとの重ね
着など、レイヤードスタイルにお
すすめのウエスト回りがすっきり
としたシンプルなパンツ。厚地で
作れば、ストレートパンツとしても
はけます。

———

How to make ⇒ p.86

※パンツの形はp.40を参照してください。

BLUMA
SALOPETTE
PANTS

ブルーマサロペット

ウエストにたっぷりとギャザーが
入った、ボリュームのあるワイド
パンツのサロペット。夏はタンク
トップやTシャツを合わせて涼し
く、冬は厚手のニットを合わせて
も素敵です。

———

How to make ⇒ p.60

BLUMA
SLIP DRESS

ブルーマスリップドレス

p.16のサロペットのパンツ
をスカートにして、キャミワン
ピースにしました。

How to make ⇒ p.63

リトアニアのリネンとfactory

fog linen workのリネンの製品はすべて、リトアニアのファクトリーと提携して作っています。リトアニアは、北ヨーロッパのバルト海に面し、フィンランドの南に位置した小さな国ですが、中世の時代からリネン製品をヨーロッパ各国へ輸出してきたという歴史もあり、上質な素材としっかりとした縫製で知られています。

緯度は北海道と同じくらい。リトアニアの夏は暑く、冬は寒いという寒暖差の大きい気候が、リネンの原料であるフラックスの栽培にとても適しているといわれています。
でも最近では、リトアニア国内でのフラックスの栽培は減ってきていて、他国からリネン糸を輸入することも増えているとか。それでも、リトアニアで長く受け継がれてきた伝統と高い技術によって生地を織り、衣類やハウスリネンに仕立て、現在も良質なリネン製品を世界中に広めているのです。

そんなリトアニアのパナベジス（首都のヴィルニウスから北西に150kmほどの街）にあるファクトリーで、1998年からfog linen workの製品の生産が始まりました。

fogの製品は、生地の色、柄とデザインともにfogオリジナルのもの。
初めてファクトリーに行ったときは、まだ旧ソビエトから独立して数年ほどで、地元のホテルのナプキンやベッドリネンを縫う、まるで家庭科教室のような雰囲気の、小さな小さな工場でした。fogの仕事をお願いするようになってから、工場の社長さんがこちらのニーズに合わせて、設備を整えていってくださり、日本からのリクエストをもとに、オリジナルの色に染色し、生地に織り上げ、その生地を裁断して縫製し、プリントやウォッシュまですべての加工を一社でできるようになりました。

そして現在ファクトリーでは魅力的な45名ほどの方がいきいきと働いています。それぞれの役割を持ち、誇りをもって仕事をしているのです。

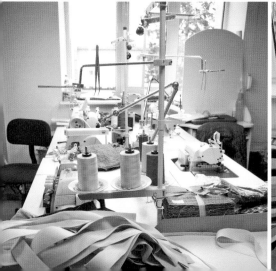

MIYU TOP

ミユトップ

デコルテを美しくみせるキーネックで、裾は前後差のついたブラウス。袖口に太めのゴムを入れ、ふんわりとしたボリューム感がシックでかつ女性らしい印象。

———

How to make ⇒ p.64

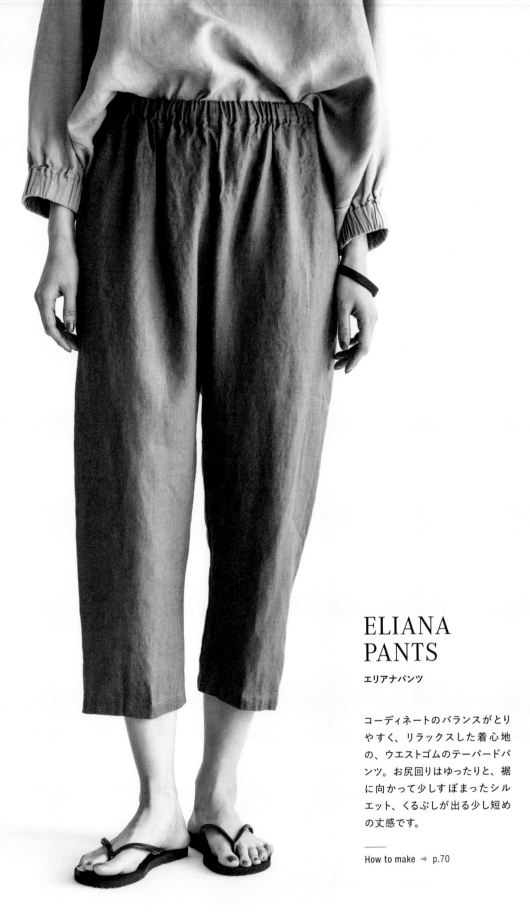

ELIANA
PANTS

エリアナパンツ

コーディネートのバランスがとり
やすく、リラックスした着心地
の、ウエストゴムのテーパードパン
ツ。お尻回りはゆったりと、裾
に向かって少しすぼまったシル
エット、くるぶしが出る少し短め
の丈感です。

———

How to make ⇒ p.70

ROSIE TOP
ロージートップ

プラスするだけでコーディネート
の幅が広がる、サイドをリボンで
結ぶタイプのリネンベスト。寒い
季節にニットをレイヤードしても
OKです。

―――

How to make ⇒ p.67

MIO TOP

ミオトップ

裾広がりのシルエットと前後差をつけた着丈、
デザイン性のあるネックのブラウス。リボンは
ラフに垂らしたり、結んだり、襟元に変化をつ
けて楽しめます。

———
How to make ⇒ p.72

LEVI PANTS

レヴィパンツ

裾にゴムを入れたボリューム感の
あるバルーンシルエット。シンプ
ルなトップスを合わせるだけでお
しゃれな印象を与えてくれ、コー
ディネートの主役として活躍する
こと間違いなしのアイテム。

———

How to make ⇒ p.84

LEVI PANTS
WIDE
レヴィパンツ ワイド

p.28のバルーンパンツの裾
のゴムをなしにすれば、シン
プルなワイドパンツに。

———

How to make ⇒ p.84

ASHA TOP

アシャトップ

前後どちらを前にしても着られるトップス。程よい丈感で、タックを入れた襟元はすっきりしながら身幅があり、着やすいデザインです。

―――
How to make ⇒ p.79

JULIA OVER DRESS

ジュリアオーバードレス

深めのVネックラインのジャ
ンパースカート。リブニット
などを合わせてすっきりと着
こなしたり、ボリュームス
リーブのブラウスを合わせ
てきれいめにコーデしたり、
インナー次第で雰囲気を変
えて楽しめます。

How to make ⇒ p.82

REN DRESS

レンワンピース（半袖）

前後どちらを前にしても着られるワンピース。
胸上切り替えに寄せたギャザーがポイントで、
自然なボリュームがあるリラックスした着心地
です。両サイドポケットつき。

———
How to make ⇒ p.75

ADALIE
DRESS

アダリーワンピース

p.12のアダリートップをワン
ピースにしました。同じく前
後どちらを前にしても着ら
れ、首回りのリボンで襟元
の表情をつけられます。1枚
で着ても、パンツを合わせ
てもどちらもオシャレ。

――――
How to make ⇒ p.56

合わせているパンツは p.15
ペチパンツ。ワンピースと共
布で作りました。

REN DRESS
レンワンピース（長袖）

p.34のワンピースの長袖タイプ。こちらも前後
どちらを前にしても着られます。前をあけて羽織
にして着ても素敵です。

———
How to make ⇒ p.78

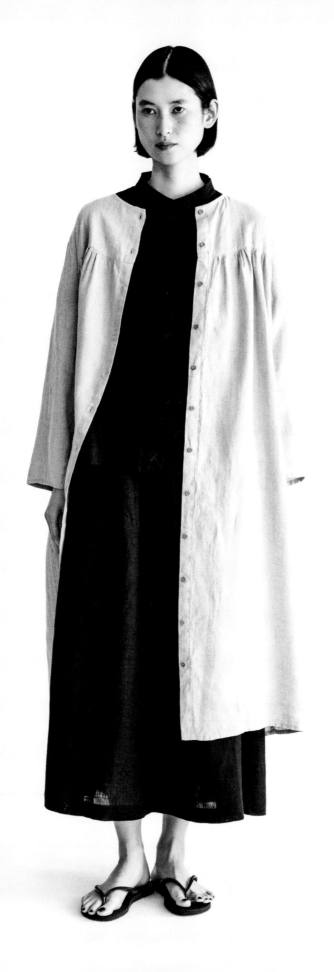

掲載服一覧

※2wayは前後で着られる服です。

LUNA TOP
ルナトップ（半袖）
p.08

LUNA TOP
ルナトップ（長袖）
p.10

ADALIE TOP
アダリートップ
p.12
※2way

MIYU TOP
ミユトップ
p.24

ROSIE TOP
ロージートップ
p.26

MIO TOP
ミオトップ
p.27

ASHA TOP
アシャトップ
p.30
※2way

ICHIKA SKIRT
イチカスカート
p.09
※両サイドポケットつき

PETTIPANTS
ペチパンツ
p.15 | p.36

ELIANA PANTS
エリアナパンツ
p.25
※両サイドポケットつき

LEVI PANTS
レヴィパンツ
p.28
※両サイドポケットつき

LEVI PANTS WIDE
レヴィパンツ ワイド
p.29
※両サイドポケットつき

TRUDA DRESS
トゥーダワンピース
p.14
※両サイドポケットつき

JULIA OVER DRESS
ジュリアオーバードレス
p.32
※両サイドポケットつき

REN DRESS
レンワンピース（半袖）
p.34
※2way。両サイドポケットつき

ADALIE DRESS
アダリーワンピース
p.36
※2way。両サイドポケットつき

REN DRESS
レンワンピース（長袖）
p.38
※2way。両サイドポケットつき

BLUMA SALOPETTE PANTS
ブルーマサロペット
p.16
※両サイドポケットつき

BLUMA SLIP DRESS
ブルーマスリップドレス
p.18
※両サイドポケットつき

FOG LINEN WORK
PATTERN BOOK

HOW TO MAKE

サイズ基準表
基準サイズはヌード寸法です。モデルは身長170cmでMサイズを着用しています。

	S	M	L
身長	157	160	163
バスト	80	83	86
ウエスト	64	67	70
ヒップ	89	92	95

つくり始める前に

● fog line workの既製服はMサイズになります。この本では、S、M、Lの3サイズを掲載しています。p.41のサイズ基準表と、作品のでき上がり寸法を目安に選んでください。

● 裁ち合わせ図は、Mサイズの型紙に合わせてパーツを配置しています。他のサイズで作る場合は、若干配置が変わりますので、裁断前に必ず一度すべてのパーツを布に配置して確認してください。また、チェック柄やストライプ柄など、柄合わせが必要な生地や、柄に方向がある生地で作る場合、用尺が余分に必要になる場合があります。

● 特に指定のない場合、単位は㎝です。

● 材料の用尺は幅×長さの順で表記しています。

● 材料のゴムテープは、ウエストのサイズに合わせて調整してください。

● 裁ち合わせ図で指示があったら、布の裏に接着芯を貼ります。

● 作り方ページのでき上がりの着丈は、CB（後ろ中心※襟下から）から裾までです。パンツ丈やスカート丈はベルトを含んだ裾までの長さです。

布地について

この本の作品はすべてリネン生地を使用しています。fog linen workでは生地の販売が不定期となっておりますので、適宜市販のリネン生地を使用して作品を作ってください。
また、リネン生地は、布目が歪んでいたり、洗ったときに縮む場合があるので、裁断前に「水通し」と「地直し」をしましょう。

「水通し」と「地直し」のやり方

たっぷりの水に、布を1時間ほど浸す。軽く絞って布目を整え、陰干しで生乾き程度まで乾かす。布をひっぱって布目が直角になるように整えてから、布目に沿ってアイロンをかける。

ソーイングの基礎

型紙について

実物大型紙は、巻末に糊で貼ってあります。破けないように
そっと外してご使用ください。そして、さまざまな作品の線が重
なっているのでハトロン紙など透ける紙に写して使います。ま
た、型紙の線はでき上がり線なので、縫い代がついていませ
ん。写したあと、裁ち合わせ図の寸法をつけてください。

● 実物大型紙のあるパーツは、作り方ページの上部に実物
大型紙の掲載面と番号が書いてあります（ここに番号のな
いパーツは、裁ち合わせ図の寸法で直接布に描いて裁ちま
す）。また、型紙が面のどこにあるかの図も掲載しています
ので、そちらをご確認ください。

● ワンピースで、丈が長くて実物大型紙内に入りきらない
パーツは、2枚に分かれています。印を合わせて1枚につ
ないでください。

実物大型紙の掲載面と
番号が記載されている

型紙のどこにある
かは、ここで確認

直線のパーツは裁ち合わ
せ図内に寸法で記載され
ているパーツがある

型紙の作り方

[写し方]

1│ 型紙を選び、角な
どのポイントに目立つ
色でマーキングする。

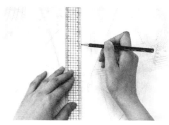

2│ 型紙の上に、ハトロ
ン紙を重ねて定規を
使って写す。

3│ 曲線は、曲線定規
を使って写すと便利。

4│ パーツ名、布目線、
合印なども写しておく。

縫い代のつけ方

1｜ 裁ち合わせ図の縫い代寸法を参照。縫い代の幅分をでき上がり線と平行に引く。

2｜ 曲線部分は縫い代幅をでき上がり線に垂直にところどころ印をつけていく。

3｜ 2でつけた印を曲線定規でつなげて線を引く。

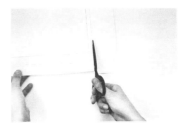

4｜ 縫い代つきの型紙の完成。縫い代線でカットして使う。

POINT

「袖口」や「裾」など、直線が斜めにぶつかる角は、縫い代をでき上がりに折ったときに、欠けたり余ったりしないよう、次の方法で縫い代をつけます。

1｜ 袖口（または裾など）の縫い代線を長めに描いておく。

2｜ ハトロン紙を袖口（または裾など）のでき上がり線で折り（三つ折りの場合は三つ折りに折る）、袖下（または脇）のラインを写す。

3｜ 折りを戻し、表から写した線を描く。

型紙の記号の意味

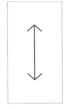

布目線

布の耳と平行のたて地。布に型紙を置く際、布目を合わせる。

わ

左右対称に二つに折る箇所。

合印

2枚の布がずれないように合わせるための印。袖は前が1本、後ろが2本と区別している。

見返し線

見返しの型紙をとるライン。

タック

ひだを作る位置。斜線の高いほうから低いほうに向かって布をたたむ。

ボタンホール

ボタンホールを作る位置。

でき上がり線を描かずに縫う方法

ミシン台についているメモリを利用し、布端を必要な縫い代幅に合わせて縫います。もしミシン台にメモリがついていない場合は、針をおろした位置から垂直に定規で指定の縫い代幅を測ってテープなどを貼り、そこに布端を合わせて縫います。

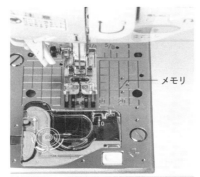

ギャザーの寄せ方

ギャザーを寄せる時は、まず、縫い代内に粗い針目（ミシンの針目の設定を0.3〜0.4にする）で2本縫います。次に、縫い合わせるパーツと均等にマチ針をとめて合わせます。そして粗い針目の糸を引いて均等にギャザーを寄せます。

マチ針は左右端→中心→端と中心の間の順に均等になるようにとめる。

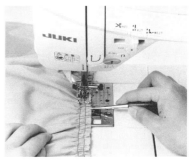

縫い合わせる時は、目打ちなどでギャザーを整えながら縫うときれいに仕上がる。縫い合わせた後、粗い針目のミシン糸は抜いてOK。

ボタンホールについて

型紙にボタンつけ位置のみが記載されている場合、ボタンホールのスタートはボタンのつけ位置から0.2〜0.3cm右（または上）からになります。

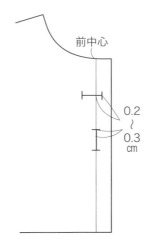

前中心

0.2
〜
0.3
cm

ボタンホールの大きさ

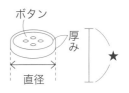

ボタン

厚み

直径

★

★ ボタンの直径＋ボタンの厚み（0.2〜0.4cm）
※足つきのボタンは足部分を除く厚み（0.2〜0.4cm）

ルナトップ（長袖）

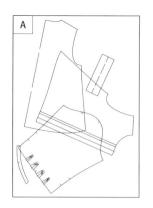

実物大型紙　A面 [01]　1- 前身頃、2- 後ろ身頃、3- 襟、4- 袖、5- カフス

材料（左からS/M/Lサイズ）

リネン…110cm幅×200/200/210cm
接着芯（薄手）…90×35cm
直径1cmのボタン…8個

でき上がり寸法（左からS/M/Lサイズ）

着丈…63.5/65/66.5cm
バスト…103/106/109cm

裁ち合わせ図

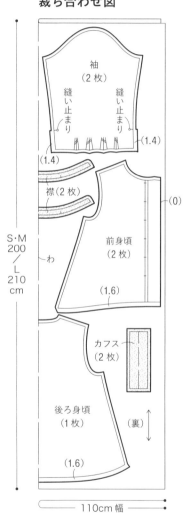

袖
（2枚）

縫い止まり　縫い止まり

(1.4)

(1.4)

襟（2枚）

(0)

S・M
200
／
L
210
cm

わ

前身頃
（2枚）

(1.6)

カフス
（2枚）

後ろ身頃
（1枚）

（裏）

(1.6)

110cm 幅

※(　)内は縫い代。指定以外は1cm
※▨は裏側に接着芯を貼る位置

作り方手順

❶ 前立てを作る

❸ 襟を作り、つける

❹ 袖を作る

❷ 肩と脇を
縫う

❽

前

❺ カフスを
作り、つける

❽ ボタンホールを作り、
ボタンをつける

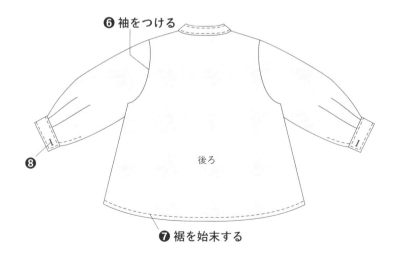

❻ 袖をつける

❽

後ろ

❼ 裾を始末する

❶ 前立てを作る

前身頃（表）

2.7

前端

2.7

①縫う

1.6

縫い代

↓

0.5

②上2枚の
余分をカット

2.7

2.7

0.1

0.1

前端

前身頃
（裏）

⑤前立てを三つ折りに
して縫う

③表に返す

④裾を三つ折りに折る
※後ろ身頃の裾も
三つ折りに
折りぐせを
つけておく

0.8

0.8

❷ 肩と脇を縫う

①前身頃と
後ろ身頃を
中表に合わせて縫う

1

1

②縫い代は2枚一緒に
ジグザグミシンをかけ、
後ろ身頃側に倒す

前身頃
（裏）

後ろ身頃（表）

❸ 襟を作り、つける

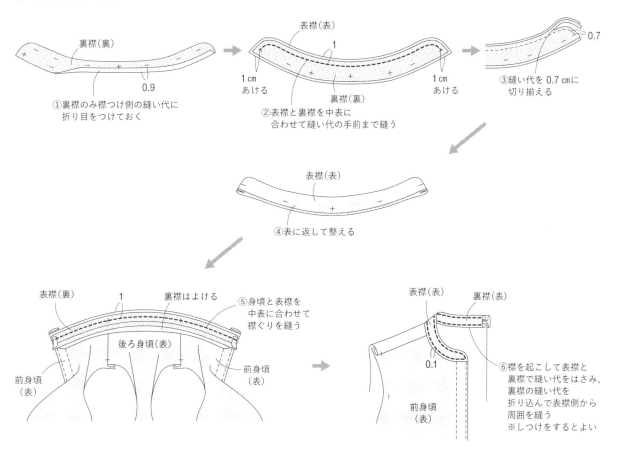

裏襟（裏）

0.9

①裏襟のみ襟つけ側の縫い代に
折り目をつけておく

➡

表襟（表）

1

裏襟（裏）

1cm
あける

1cm
あける

②表襟と裏襟を中表に
合わせて縫い代の手前まで縫う

➡

0.7

③縫い代を0.7cmに
切り揃える

表襟（表）

④表に返して整える

表襟（裏）

1

裏襟はよける

後ろ身頃（表）

前身頃
（表）

前身頃
（表）

⑤身頃と表襟を
中表に合わせて
襟ぐりを縫う

➡

表襟（表）

裏襟（表）

0.1

前身頃
（表）

⑥襟を起こして表襟と
裏襟で縫い代をはさみ、
裏襟の縫い代を
折り込んで表襟側から
周囲を縫う
※しつけをするとよい

❹ 袖を作る

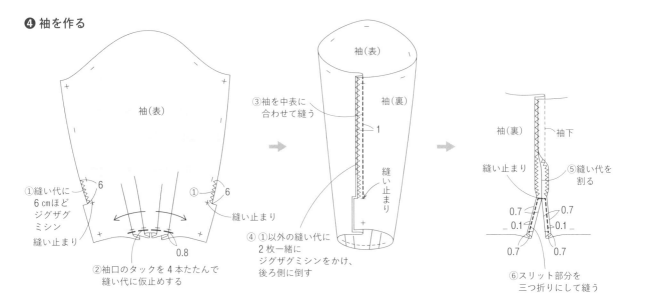

①縫い代に
6cmほど
ジグザグ
ミシン
縫い止まり

6

②袖口のタックを4本たたんで
縫い代に仮止めする

0.8

縫い止まり

③袖を中表に
合わせて縫う

袖(表)

袖(裏)

1

縫い止まり

④①以外の縫い代に
2枚一緒に
ジグザグミシンをかけ、
後ろ側に倒す

袖(裏)　　袖下

縫い止まり

⑤縫い代を
割る

0.7　0.7
0.1　0.1
0.7　0.7

⑥スリット部分を
三つ折りにして縫う

❺ カフスを作り、つける

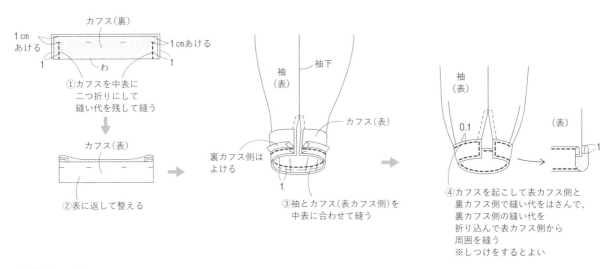

カフス(裏)

1cm
あける
1

1cmあける
1

わ

①カフスを中表に
二つ折りにして
縫い代を残して縫う

カフス(表)

②表に返して整える

袖(表)　　袖下

カフス(表)

裏カフス側は
よける

1

③袖とカフス(表カフス側)を
中表に合わせて縫う

袖(表)

0.1

(表)

1

④カフスを起こして表カフス側と
裏カフス側で縫い代をはさんで、
裏カフス側の縫い代を
折り込んで表カフス側から
周囲を縫う
※しつけをするとよい

❻ 袖をつける

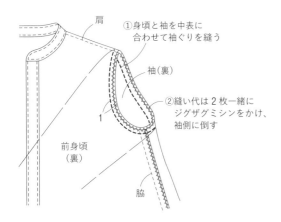

肩

①身頃と袖を中表に
合わせて袖ぐりを縫う

袖(裏)

②縫い代は2枚一緒に
ジグザグミシンをかけ、
袖側に倒す

1

前身頃
(裏)

脇

❼ 裾を始末する

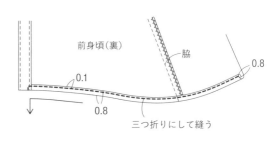

前身頃(裏)

脇

0.1

0.8

0.8

0.8

三つ折りにして縫う

❽ ボタンホールを作り、ボタンをつける

でき上がりイラスト参照

ルナトップ（半袖）

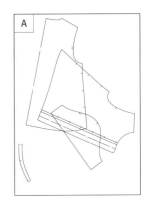

実物大型紙　A面［02］　1-前身頃、2-後ろ身頃、3-襟、4-袖

材料（左からS/M/Lサイズ）

リネン…110cm幅×170/170/180cm
接着芯（薄手）…60×25cm
直径1cmのボタン…6個

でき上がり寸法（左からS/M/Lサイズ）

着丈…63.5/65/66.5cm
バスト…103/106/109cm

裁ち合わせ図

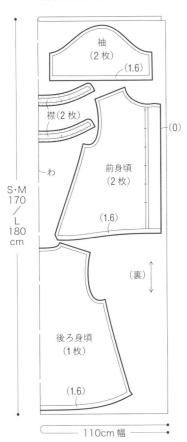

袖
（2枚）
(1.6)

襟（2枚）

わ

(0)

前身頃
（2枚）
(1.6)

（裏）

S・M
170
／
L
180
cm

後ろ身頃
（1枚）
(1.6)

110cm幅

※（　）内は縫い代。指定以外は1cm
※ ▨ は裏側に接着芯を貼る位置

作り方手順

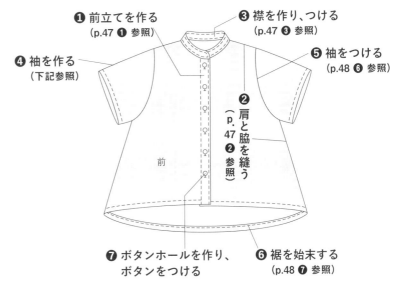

❶ 前立てを作る
（p.47 ❶ 参照）

❸ 襟を作り、つける
（p.47 ❸ 参照）

❹ 袖を作る
（下記参照）

❺ 袖をつける
（p.48 ❻ 参照）

❷ 肩と脇を縫う
（p.47 ❷ 参照）

前

❼ ボタンホールを作り、
ボタンをつける

❻ 裾を始末する
（p.48 ❼ 参照）

❹ 袖を作る

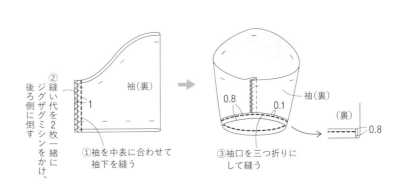

② 縫い代を2枚一緒にジグザグミシンをかけ、後ろ側に倒す

袖（裏）

1

①袖を中表に合わせて
袖下を縫う

0.8

0.1

袖（裏）

（裏）

0.8

③袖口を三つ折りに
して縫う

イチカスカート

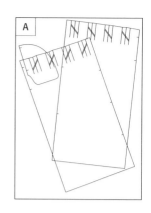

実物大型紙　**A面[03]**　1-前スカート、2-後ろスカート、3-ポケット袋布
*ウエストベルトは裁ち合わせ図の寸法を参照して、布地に直接線を引いて裁つ

材料（左からS/M/Lサイズ）

リネン…110cm幅×230/240/250cm
接着芯（薄手）…110×10cm
1.2cm幅の伸び止め接着テープ…16cm×2本
2.5cm幅のゴムテープ…65/68/71cm

*ゴムテープは先に切らずにウエストベルトに通してから切るとよい。

でき上がり寸法（左からS/M/Lサイズ）

ヒップ…105.8/108.6/111.8cm
スカート丈…81.5/84.5/87.5cm

裁ち合わせ図

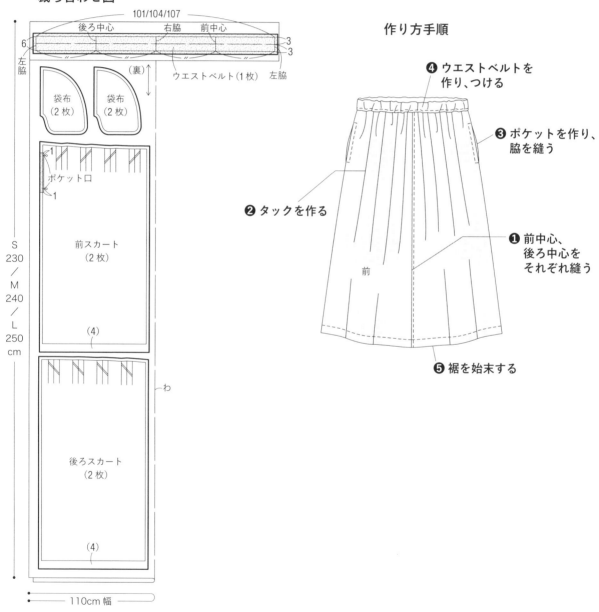

作り方手順

❹ ウエストベルトを作り、つける

❸ ポケットを作り、脇を縫う

❷ タックを作る

❶ 前中心、後ろ中心をそれぞれ縫う

❺ 裾を始末する

※（ ）内は縫い代。指定以外は1cm
※ □□□ は裏側に接着芯を貼る位置
※ ▨▨▨ は裏側に伸び止め接着テープを貼る位置

❶ 前中心、後ろ中心をそれぞれ縫う

①前スカートどうしを
中表に合わせて縫う

②縫い代は2枚一緒に
ジグザグミシンをかけ、
左スカート側に倒す

1

左前スカート
（裏）

右前スカート
（裏）

0.1

（表）（表）

③表からステッチ

※後ろスカートも
同様に作る

❷ タックを作る

タックを脇に向かってたたみ、
縫い代内に仮止めする

0.8

右前スカート
（表）

左前スカート
（表）

前中心

※後ろスカートも同様に作る

❸ ポケットを作り、脇を縫う

②

①前スカートに袋布を
中表に合わせて
ポケット口を縫う

②縫い代に
切り込み

1

ポケット口

袋布
（裏）

前スカート
（表）

③袋布を表に返して整え
ポケット口を縫う

0.7

袋布
（表）

前スカート
（裏）

袋布（表）

前スカート
（裏）

0.2

袋布
（裏）

⑤0.2cm外側を
もう一度縫い、
補強する

④もう1枚の袋布を
中表に合わせて
外まわりを縫う

⑥縫い代は2枚一緒に
ジグザグミシン

0.5

⑦脇の縫い代内に
仮止めする

袋布
（裏）

前スカート
（裏）

ポケット口の前スカートを
はさみ込まないよう注意

⑧前スカートと
後ろスカートを
中表に合わせて
脇を縫う

袋布
（裏）

後ろスカート
（裏）

⑨縫い代は2枚一緒に
ジグザグミシンをかけ、
後ろ側に倒す

1

前スカート
（裏）

⑩ポケット口の
上下を縫う

0.5

ポケット口

0.5

脇

袋布

前スカート
（表）

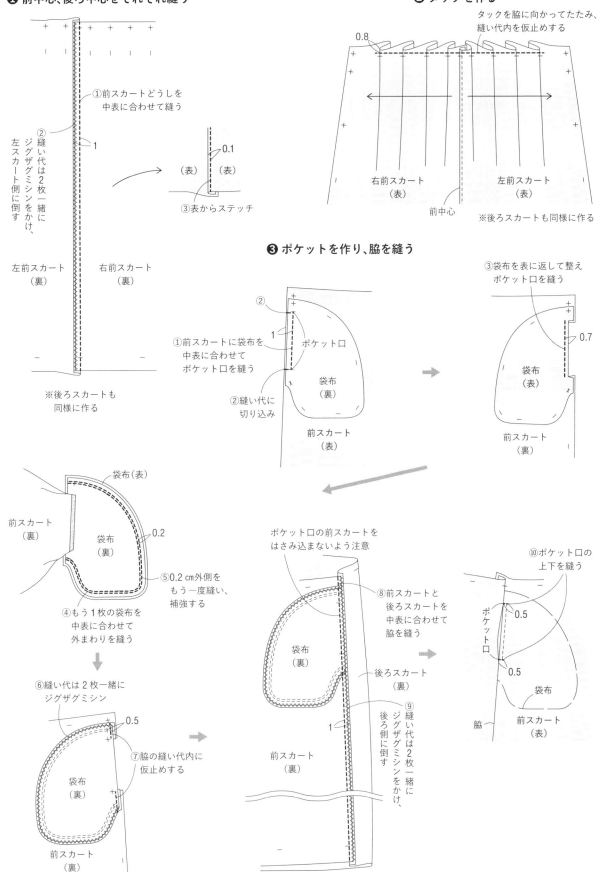

❹ ウエストベルトを作り、つける

ウエストベルト（裏）

①ウエストベルトを中表に
合わせて縫う

1

3cm縫い残す
（ゴムテープ通し口）

1

②縫い代を割る

（裏）　0.5

③ゴムテープ通し口の
周りを縫う

④片側の縫い代を
折る

1

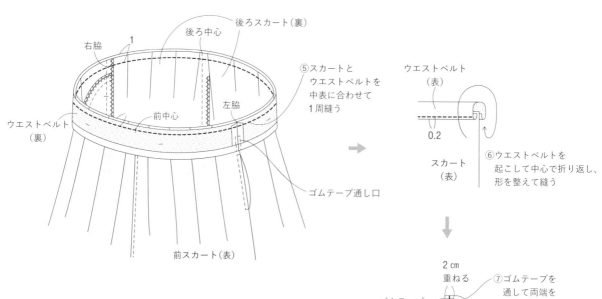

右脇

1

後ろ中心

後ろスカート（裏）

前中心

左脇

ウエストベルト
（裏）

前スカート（表）

ゴムテープ通し口

⑤スカートと
ウエストベルトを
中表に合わせて
1周縫う

ウエストベルト
（表）

0.2

スカート
（表）

⑥ウエストベルトを
起こして中心で折り返し、
形を整えて縫う

2cm
重ねる

ゴムテープ

⑦ゴムテープを
通して両端を
重ねて縫う
※ゴムテープは
ウエストのサイズに
合わせてカット

左脇

袋布
（裏）

前スカート（裏）

❺ 裾を始末する

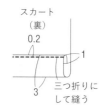

スカート
（裏）

0.2

1

3

三つ折りに
して縫う

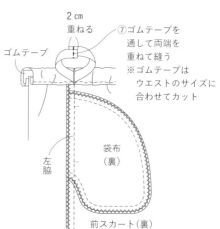

アダリートップ

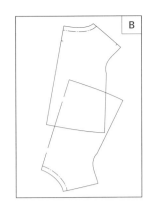

実物大型紙　B面［01］　1-前身頃、2-前見返し、3-後ろ身頃、4-後ろ見返し
＊袖ぐり用バイアス布、リボンは裁ち合わせ図の寸法を参照して、布地に直接線を引いて裁つ

材料（左からS/M/Lサイズ）

リネン…110cm幅×155/160/165cm
リネン（リボン用）…15×75cm
接着芯（薄手）…60×35cm

でき上がり寸法（左からS/M/Lサイズ）

着丈…58.5/60/61.5cm
バスト…118.2/121.2/124.2cm

裁ち合わせ図

作り方手順

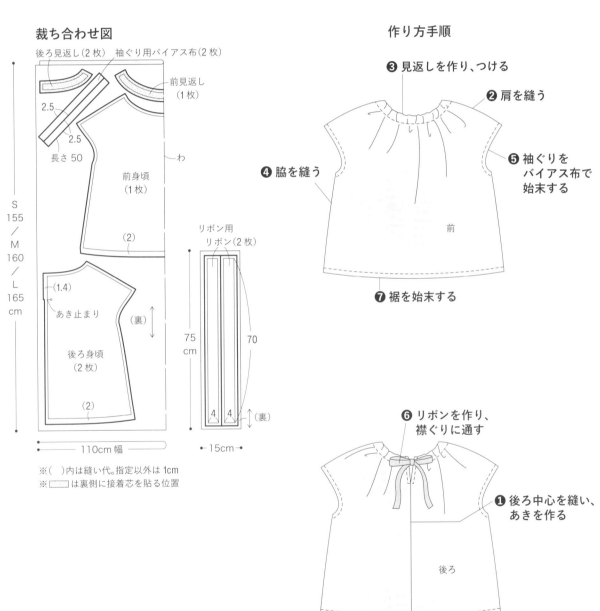

後ろ見返し（2枚）　袖ぐり用バイアス布（2枚）
前見返し（1枚）
2.5
2.5
長さ 50
わ
前身頃（1枚）
(2)

S 155 ／ M 160 ／ L 165 cm

(1.4)
あき止まり
(裏)
後ろ身頃（2枚）
(2)

リボン用
リボン（2枚）
75 cm
70
4　4
(裏)

110cm幅
15cm

※（　）内は縫い代。指定以外は1cm
※ □□ は裏側に接着芯を貼る位置

❸ 見返しを作り、つける
❷ 肩を縫う
❺ 袖ぐりをバイアス布で始末する
❹ 脇を縫う
前
❼ 裾を始末する

❻ リボンを作り、襟ぐりに通す
❶ 後ろ中心を縫い、あきを作る
後ろ

❶ 後ろ中心を縫い、あきを作る

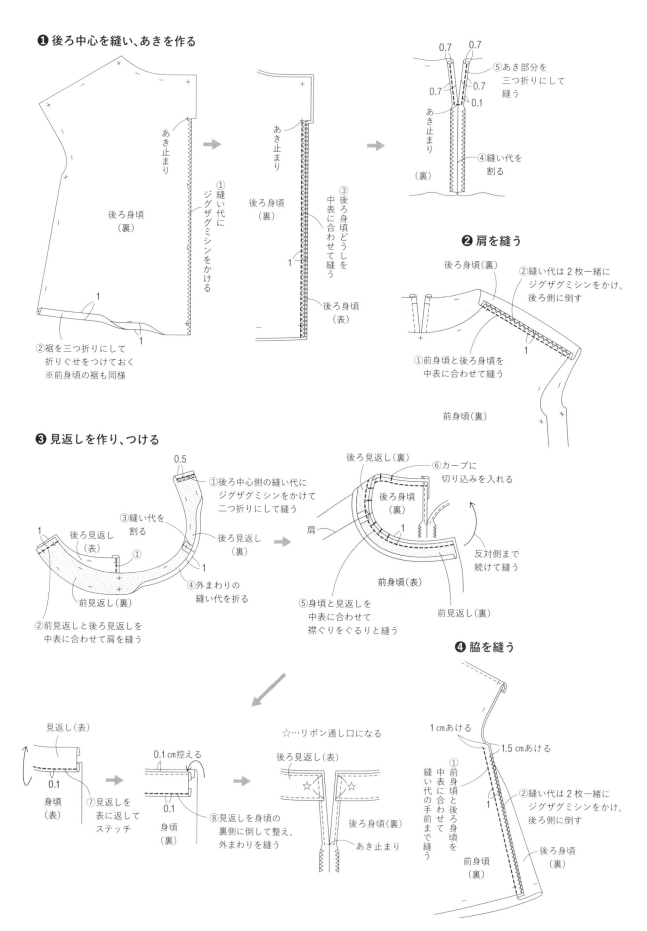

⑤あき部分を
三つ折りにして
縫う

あき止まり

④縫い代を
割る

(裏)

①縫い代に
ジグザグミシンをかける

③後ろ身頃どうしを
中表に合わせて
縫う

後ろ身頃
(裏)

後ろ身頃
(表)

後ろ身頃
(裏)

あき止まり

②裾を三つ折りにして
折りぐせをつけておく
※前身頃の裾も同様

❷ 肩を縫う

後ろ身頃(裏)

②縫い代は2枚一緒に
ジグザグミシンをかけ、
後ろ側に倒す

①前身頃と後ろ身頃を
中表に合わせて縫う

前身頃(裏)

❸ 見返しを作り、つける

①後ろ中心側の縫い代に
ジグザグミシンをかけて
二つ折りにして縫う

③縫い代を
割る

後ろ見返し
(表)

後ろ見返し
(裏)

後ろ見返し
(裏)

前見返し(裏)

②前見返しと後ろ見返しを
中表に合わせて肩を縫う

④外まわりの
縫い代を折る

⑥カーブに
切り込みを入れる

後ろ身頃
(裏)

肩

反対側まで
続けて縫う

⑤身頃と見返しを
中表に合わせて
襟ぐりをぐるりと縫う

前身頃(表)

前見返し(裏)

見返し(表)

0.1

身頃
(表)

⑦見返しを
表に返して
ステッチ

0.1cm控える

0.1

身頃
(裏)

⑧見返しを身頃の
裏側に倒して整え、
外まわりを縫う

☆…リボン通し口になる

後ろ見返し(表)

☆ ☆

後ろ身頃(裏)

あき止まり

❹ 脇を縫う

1cmあける

1.5cmあける

①前身頃と後ろ身頃を
中表に合わせて
縫い代の手前まで縫う

②縫い代は2枚一緒に
ジグザグミシンをかけ、
後ろ側に倒す

前身頃
(裏)

後ろ身頃
(裏)

❺ 袖ぐりをバイアス布で始末する

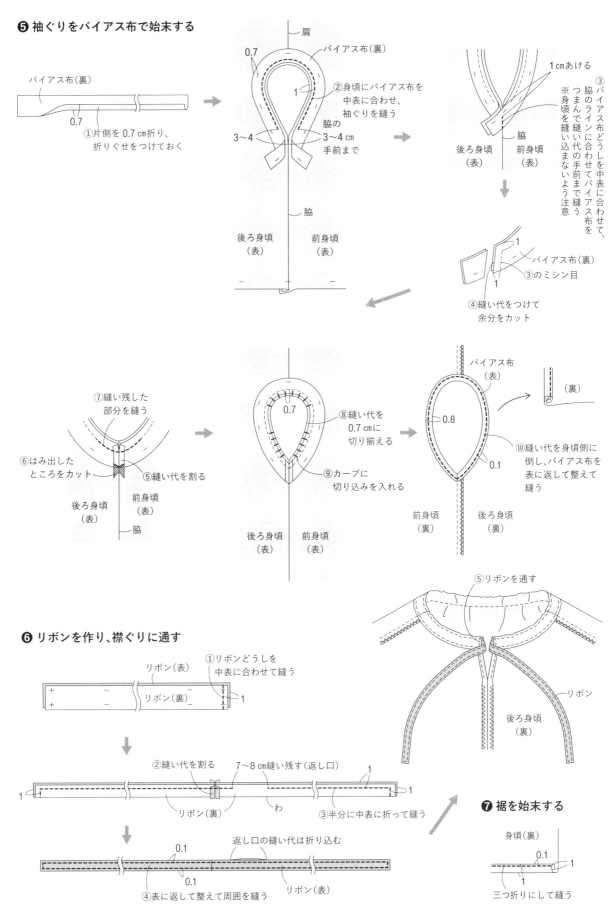

バイアス布(裏)

①片側を0.7cm折り、
折りぐせをつけておく

0.7

0.7
1
バイアス布(裏)
②身頃にバイアス布を
中表に合わせ、
袖ぐりを縫う
脇の
3~4cm
手前まで
3~4
後ろ身頃
(表)
前身頃
(表)
脇

1cmあける

③バイアス布どうしを中表に合わせて、脇のラインに合わせてバイアス布をつまんで縫い縫い代の手前まで縫う
※身頃を縫い込まないよう注意

後ろ身頃
(表)
脇
前身頃
(表)

1
1
バイアス布(裏)
③のミシン目

④縫い代をつけて
余分をカット

⑦縫い残した
部分を縫う

⑥はみ出した
ところをカット

⑤縫い代を割る

後ろ身頃
(表)
前身頃
(表)
脇

0.7

⑧縫い代を
0.7cmに
切り揃える

⑨カーブに
切り込みを入れる

後ろ身頃
(表)
前身頃
(表)

バイアス布
(表)

0.8

0.1

(裏)

⑩縫い代を身頃側に
倒し、バイアス布を
表に返して整えて
縫う

前身頃
(裏)
後ろ身頃
(裏)

⑤リボンを通す

後ろ身頃
(裏)
リボン

❻ リボンを作り、襟ぐりに通す

リボン(表)
＋ ー
＋ ー
リボン(裏) ー
1
①リボンどうしを
中表に合わせて縫う

②縫い代を割る
7~8cm縫い残す(返し口)
1
1
リボン(裏)
わ
③半分に中表に折って縫う

返し口の縫い代は折り込む
0.1
0.1
リボン(表)
④表に返して整えて周囲を縫う

❼ 裾を始末する

身頃(裏)
0.1
1
1
三つ折りにして縫う

アダリーワンピース

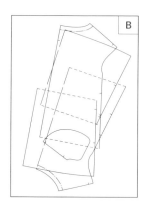

実物大型紙　B面[02]　1-前身頃、2-前見返し、3-後ろ身頃、4-後ろ見返し、
　　　　　　　　　　5-ポケット袋布

＊袖ぐり用バイアス布、リボンは裁ち合わせ図の寸法を参照して、布地に直接線を引いて裁つ
＊身頃は2つのパーツに分かれています。印でつなげてください

材料（左からS/M/Lサイズ）

リネン…110cm幅×290/300/310cm
リネン（リボン用）…15×75cm
接着芯（薄手）…60×35cm
1.2cm幅の伸び止め接着テープ…16cm×2本

でき上がり寸法（左からS/M/Lサイズ）

着丈…110.8/114.8/118.8cm
バスト…118.2/121.2/124.2cm

裁ち合わせ図

※（　）内は縫い代。指定以外は1cm
※□は裏側に接着芯を貼る位置
※□は裏側に伸び止め接着テープを
貼る位置

作り方手順

❹以外の作り方はp.53のアダリートップと同様

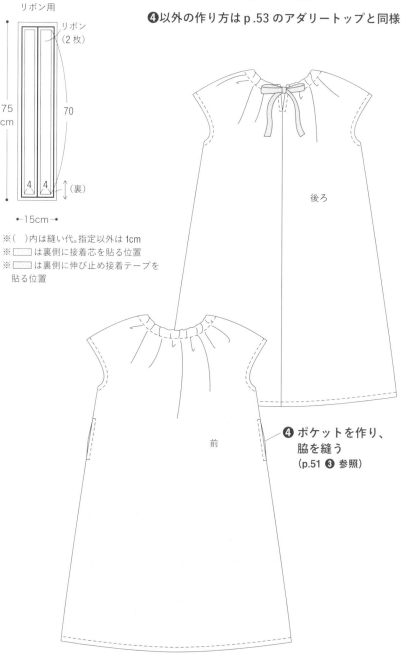

❹ ポケットを作り、
脇を縫う
（p.51 ❸ 参照）

トゥーダワンピース

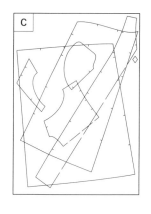

| 実物大型紙 | C面［01］　1-前中心身頃、2-前脇身頃、3-前脇スカート、4-後ろ身頃、
5-後ろスカート、6-ガゼット、7-ポケット袋布 |

*袖ぐりと襟ぐり用バイアス布は裁ち合わせ図の寸法を参照して、布地に直接線を引いて裁つ

材料（左からS/M/Lサイズ）

リネン…110cm幅×370/380/390cm

1.2cm幅の伸び止め接着テープ…16cm×2本

でき上がり寸法（左からS/M/Lサイズ）

着丈…106/110/114cm

バスト…103/106/109cm

※裁ち合わせ図は p.59 参照　　　作り方手順

❺ 襟ぐりを
バイアス布で始末する

❹ 肩を縫う

❼ 袖ぐりを
バイアス布で
始末する
（p.55 ❺ 参照）

❶ 前脇スカートに
ギャザーを寄せ、
前脇身頃と
縫い合わせる

❸ 後ろスカートの
中心を縫い、
後ろ身頃と
縫い合わせる

❻ ポケットを
作り、
脇を縫う
（p.51 ❸ 参照）

前

後ろ

❷ 前中心身頃と❶を
縫い合わせる

❽ 裾を始末する

❶ 前脇スカートにギャザーを寄せ、前脇身頃と縫い合わせる

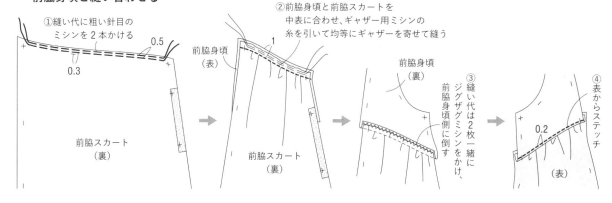

①縫い代に粗い針目の
ミシンを２本かける

0.5

0.3

②前脇身頃と前脇スカートを
中表に合わせ、ギャザー用ミシンの
糸を引いて均等にギャザーを寄せて縫う

前脇身頃
（表）

1

前脇スカート
（裏）

前脇スカート
（裏）

前脇身頃
（裏）

③縫い代は２枚一緒に
ジグザグミシンをかけ、
前脇身頃側に倒す

④表からステッチ

0.2

（表）

❷ 前中心身頃と❶を縫い合わせる

❸ 後ろスカートの中心を縫い、後ろ身頃と縫い合わせる

①前中心身頃と❶を
中表に合わせて縫う

前脇
スカート
（裏）

前中心身頃
（裏）

②縫い代は2枚一緒にジグザグミシンをかけ、中心側に倒す

0.2

前脇
スカート
（表）

前中心身頃
（表）

③表からステッチ

0.5
0.3

④縫い代に
粗い針目のミシンを
2本かける

後ろスカート
（裏）

①後ろスカートどうしを
中表に合わせて縫う

後ろスカート
（裏）

1

（表）　0.2

③表からステッチ

②縫い代は2枚一緒に
ジグザグミシンをかけ、
左後ろスカート側に倒す

④ ❶の②～④と同様に
縫い合わせる

後ろ身頃（裏）

（表）　0.2

後ろスカート
（裏）

❹ 肩を縫う

後ろ身頃（裏）

②縫い代は2枚一緒に
ジグザグミシンをかけ、
後ろ側に倒す

①前身頃と後ろ身頃を
中表に合わせて縫う

前中心身頃
（裏）

❺ 襟ぐりをバイアス布で始末する

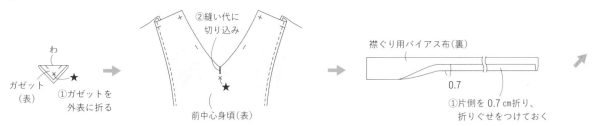

わ

ガゼット
（表）

①ガゼットを
外表に折る

②縫い代に
切り込み

前中心身頃（表）

襟ぐり用バイアス布（裏）

0.7

①片側を0.7cm折り、
折りぐせをつけておく

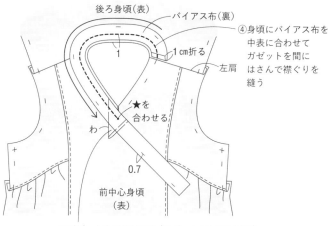

後ろ身頃（表）　バイアス布（裏）

④身頃にバイアス布を
中表に合わせて
ガゼットを間に
はさんで襟ぐりを
縫う

1cm折る

左肩

1

★を合わせる

わ

0.7

前中心身頃（表）

※ガゼットを間にはさむ（ガゼットの向きに注意）

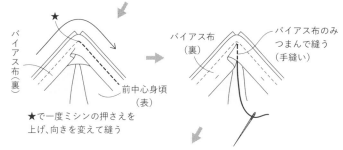

バイアス布（裏）　★　バイアス布（裏）

バイアス布のみ
つまんで縫う
（手縫い）

前中心身頃（表）

★で一度ミシンの押さえを
上げ、向きを変えて縫う

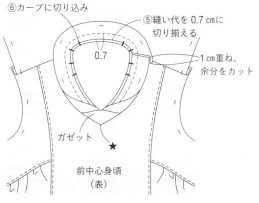

⑥カーブに切り込み

0.7

⑤縫い代を0.7cmに
切り揃える

1cm重ね、
余分をカット

ガゼット

前中心身頃（表）

★

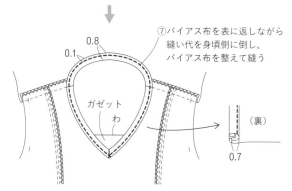

⑦バイアス布を表に返しながら
縫い代を身頃側に倒し、
バイアス布を整えて縫う

0.8
0.1

ガゼット
わ

（裏）

0.7

❻ ポケットを作り、脇を縫う
（p.51 ❸ 参照）

❼ 袖ぐりをバイアス布で始末する
（p.55 ❺ 参照）

❽ 裾を始末する

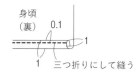

身頃
（裏）　0.1

1

1

三つ折りにして縫う

裁ち合わせ図

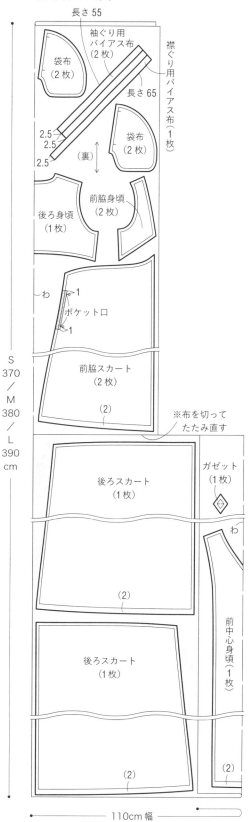

長さ55

袖ぐり用
バイアス布
（2枚）

襟ぐり用バイアス布（1枚）

袋布
（2枚）

長さ65

2.5
2.5
2.5

（裏）

袋布
（2枚）

後ろ身頃
（1枚）

前脇身頃
（2枚）

わ

わ　1

ポケット口

1

前脇スカート
（2枚）

（2）

S
370
／
M
380
／
L
390
cm

※布を切って
たたみ直す

後ろスカート
（1枚）

ガゼット
（1枚）

わ

（2）

後ろスカート
（1枚）

前中心身頃（1枚）

（2）

（2）

110cm幅

※（　）内は縫い代。指定以外は1cm
※▨▨▨ は裏側に伸び止め接着テープを貼る位置

59

ブルーマサロペット

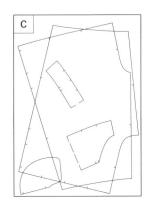

実物大型紙　C面［02］　1-前身頃、2-後ろ身頃、3-前パンツ、4-後ろパンツ、
5-ポケット袋布

*肩ひもと肩ひも通しは裁ち合わせ図の寸法を参照し、布地に直接線を引いて裁つ

材料（左からS/M/Lサイズ）

リネン…110cm幅×480/490/500cm

1.2cm幅の伸び止め接着テープ…16cm×2本

でき上がり寸法（左からS/M/Lサイズ）

バスト…109/112/115cm

パンツ脇丈…87/90/93cm

裁ち合わせ図

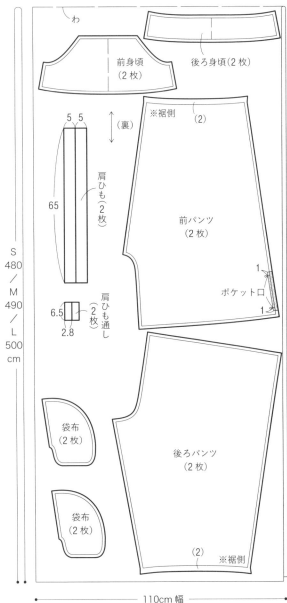

S
480
／
M
490
／
L
500
cm

わ

前身頃
（2枚）

後ろ身頃（2枚）

※裾側　（2）

（裏）

5　5

65

肩ひも（2枚）

6.5
2.8

肩ひも通し
（2枚）

前パンツ
（2枚）

1

ポケット口

1

袋布
（2枚）

袋布
（2枚）

後ろパンツ
（2枚）

（2）　※裾側

◀── 110cm 幅 ──▶

※（　）内は縫い代。指定以外は1cm
※ ▨▨▨ は裏側に伸び止め接着テープを貼る位置

作り方手順

❺ 肩ひもと
肩ひも通しを
作る

❸ ポケットを
作り、脇を
縫う
（p.51 ❸ 参照）

❶ ウエストに
ギャザー用
ミシンを
かける

❻ 身頃を作る

❹ 股ぐりを縫う

❷ 股下を縫う

前

❽ 裾を始末する

❼ 身頃とパンツを縫い合わせる

後ろ

❶ ウエストにギャザー用ミシンをかける

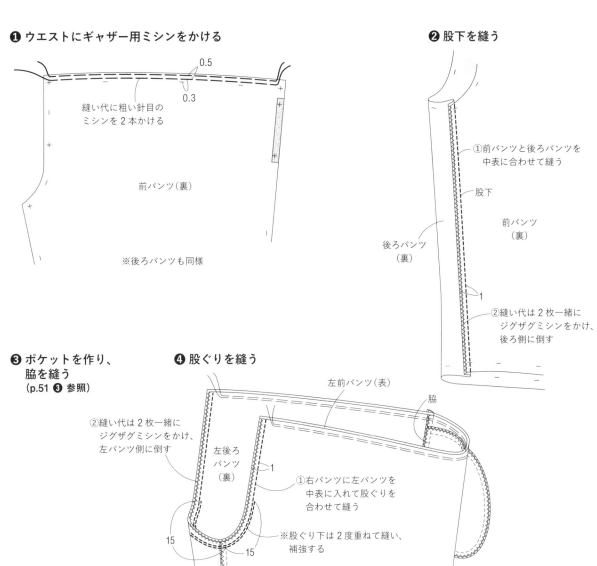

0.5

0.3

縫い代に粗い針目の
ミシンを2本かける

前パンツ（裏）

※後ろパンツも同様

❷ 股下を縫う

①前パンツと後ろパンツを
中表に合わせて縫う

股下

前パンツ
（裏）

後ろパンツ
（裏）

1

②縫い代は2枚一緒に
ジグザグミシンをかけ、
後ろ側に倒す

**❸ ポケットを作り、
　 脇を縫う**
（p.51 ❸ 参照）

❹ 股ぐりを縫う

左前パンツ（表）

脇

②縫い代は2枚一緒に
ジグザグミシンをかけ、
左パンツ側に倒す

左後ろ
パンツ
（裏）

1

①右パンツに左パンツを
中表に入れて股ぐりを
合わせて縫う

※股ぐり下は2度重ねて縫い、
補強する

15

15

右前パンツ
（裏）

右後ろパンツ
（裏）

股下

❺ 肩ひもと肩ひも通しを作る

肩ひも（表）

2

わ

0.5

0.5

②半分に折る

0.5

①折る

（表）

0.1

0.1

0.1

③周囲を縫う

※2本ずつ作る

肩ひも通し（表）

0.7

0.1

④四つ折りにして縫う

⑤つけ位置の縫い代内に
仮止めする

肩ひも通し

0.6

0.5

前身頃（表）

0.5

⑤

後ろ身頃（表）

肩ひも

❻ 身頃を作る

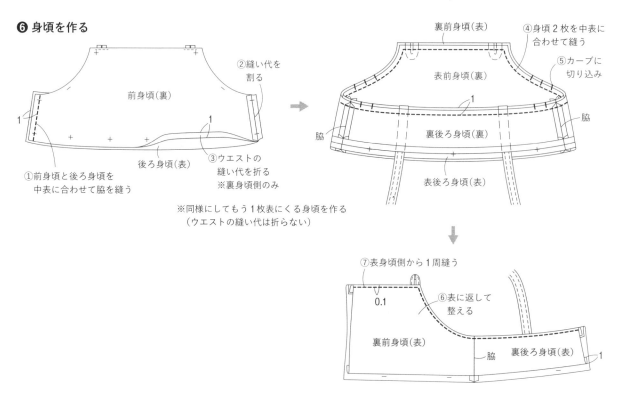

①前身頃と後ろ身頃を
中表に合わせて脇を縫う

前身頃（裏）

②縫い代を割る

③ウエストの縫い代を折る
※裏身頃側のみ

後ろ身頃（表）

裏前身頃（表）

④身頃2枚を中表に合わせて縫う

表前身頃（裏）

⑤カーブに切り込み

脇

裏後ろ身頃（裏）

表後ろ身頃（表）

脇

※同様にしてもう1枚表にくる身頃を作る
（ウエストの縫い代は折らない）

⑦表身頃側から1周縫う

0.1

⑥表に返して整える

裏前身頃（表）

脇

裏後ろ身頃（表）

1

❼ 身頃とパンツを縫い合わせる

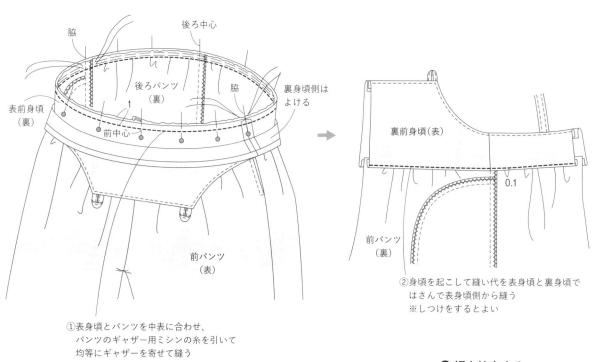

脇

後ろ中心

後ろパンツ（裏）

脇

裏身頃側はよける

表前身頃（裏）

1

前中心

前パンツ（表）

①表身頃とパンツを中表に合わせ、
パンツのギャザー用ミシンの糸を引いて
均等にギャザーを寄せて縫う

裏前身頃（表）

0.1

前パンツ（裏）

②身頃を起こして縫い代を表身頃と裏身頃で
はさんで表身頃側から縫う
※しつけをするとよい

❽ 裾を始末する

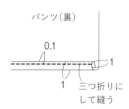

パンツ（裏）

0.1

1

1

三つ折りにして縫う

ブルーマスリップドレス

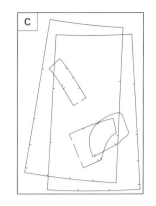

実物大型紙 C面 [03] 1- 前身頃、2- 後ろ身頃、3- 前スカート、4- 後ろスカート、
5- ポケット袋布
＊肩ひもと肩ひも通しは裁ち合わせ図の寸法を参照し、布地に直接線を引いて裁つ

材料（左からS/M/Lサイズ）

リネン…110cm幅×380/390/400cm

1.2cm幅の伸び止め接着テープ…16cm×2本

でき上がり寸法（左からS/M/Lサイズ）

バスト…109/112/115cm

スカート脇丈…90/93/96cm

裁ち合わせ図

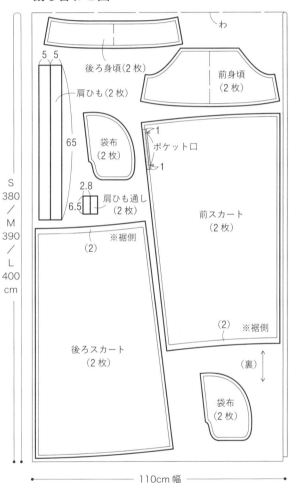

わ

後ろ身頃（2枚）

前身頃
（2枚）

5 5

肩ひも（2枚）

65

袋布
（2枚）

1

ポケット口

1

2.8

6.5

肩ひも通し
（2枚）

前スカート
（2枚）

（2）　※裾側

（2）　※裾側

後ろスカート
（2枚）

（裏）

袋布
（2枚）

S
380
／
M
390
／
L
400
cm

110cm幅

※（　）内は縫い代。指定以外は1cm
※▨▨は裏側に伸び止め接着テープを貼る位置

作り方手順

❹ 肩ひもと
肩ひも通しを
作る（p.61 ❺ 参照）

❸ ポケットを
作り、脇を
縫う
（p.51 ❸ 参照）

❺ 身頃を作る
（p.62 ❻
参照）

❷ ウエストに
ギャザー用ミシンをかける
（p.61 ❶ 参照）

前

❶ スカートの前中心、
後ろ中心を縫う（下図
参照）

❻ 裾を始末する
（p.62 ❽ 参照）

❼ 身頃とスカートを
縫い合わせる
（p.62 ❼
参照）

❶

後ろ

❶ スカートの
前中心、
後ろ中心を縫う

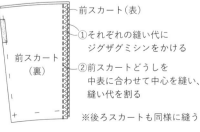

前スカート（表）

①それぞれの縫い代に
ジグザグミシンをかける

前スカート
（裏）

②前スカートどうしを
中表に合わせて中心を縫い、
縫い代を割る

※後ろスカートも同様に縫う

63

ミユトップ

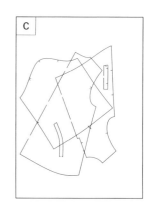

実物大型紙	C面［04］　1-前身頃、2--後ろ身頃、3-襟、4-前立て、5-袖

材料（左からS/M/Lサイズ）

リネン…110cm幅×210/220/230cm
接着芯（薄手）…80×30cm
3.5cm幅のゴムテープ（袖口用）…23/24/25cmを2本

でき上がり寸法（左からS/M/Lサイズ）

着丈…68.5/70/71.5cm
バスト…103.8/106.8/109.8cm

裁ち合わせ図

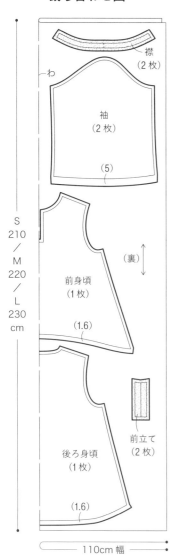

襟（2枚）

わ

袖（2枚）

（5）

（裏）

前身頃（1枚）

（1.6）

前立て（2枚）

後ろ身頃（1枚）

（1.6）

S 210 ／ M 220 ／ L 230 cm

110cm幅

※（　）内は縫い代。指定以外は1cm
※[▭]は裏側に接着芯を貼る位置

作り方手順

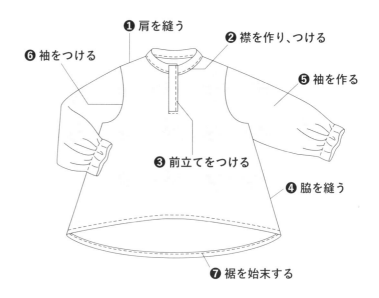

❶ 肩を縫う

❷ 襟を作り、つける

❻ 袖をつける

❺ 袖を作る

❸ 前立てをつける

❹ 脇を縫う

❼ 裾を始末する

❶ 肩を縫う

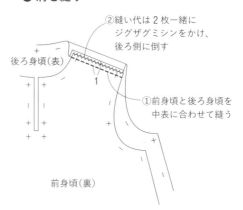

②縫い代は2枚一緒に
ジグザグミシンをかけ、
後ろ側に倒す

後ろ身頃（表）

①前身頃と後ろ身頃を
中表に合わせて縫う

前身頃（裏）

❷ 襟を作り、つける

①裏襟のみ襟つけ側の
縫い代に折りぐせをつける

裏襟(裏)

②表襟と裏襟を
中表に合わせて縫う

表襟(表)
1
0.7
③縫い代を
0.7cmに
切り揃える
裏襟(裏)

裏襟(表)
④裏襟側を
起こして
ステッチ
0.1
表襟(表)

⑤裏襟を表に返して
整える

裏襟(表)

⑥裏襟の縫い代を
折り込む

裏襟(表)
1
表襟(裏)

⑦身頃と表襟を中表に
合わせて襟ぐりを縫う

裏襟は
よける
表襟(裏)
1
裏襟(表)
前身頃(表)

裏襟(表)
表襟(表)
0.1
前身頃
(表)

⑧襟を起こして
表襟と裏襟で
縫い代をはさみ、
表襟側から1周縫う
※しつけをするとよい

表襟(表)

❸ 前立てをつける

①縫い代を
折る
1
1
※2枚作る

右前立て
(表)
左前立て
(表)
折り山・
わ
②半分に折り、
折りぐせを
つける

表襟(表)
1cmあける
右前立て
(裏)
左前立て
(裏)
1cmあける
③前身頃と前立てを
中表に合わせて
縫い代の手前まで縫う
前身頃(表)

④縫い代を
よける

⑦
1cmあける
1
左前立て
(裏)
折り山

1cmあける
1
⑦前立てを折り山で
中表に折り、
上端を縫い代の
手前まで縫う
右前立て
(裏)
折り山

⑤前身頃の縫い代の
角に斜めに
切り込みを入れる

(表)
⑥⑤の縫い代を
裏側に折る

裏から見たところ
よける
前身頃(裏)
⑥の縫い代

⑧右前立てを表に返して形作り、
縫い代をはさんで縫う
右前立て
(表)
折り山
左前身頃側を
よける
0.1
前中心
前身頃
(表)

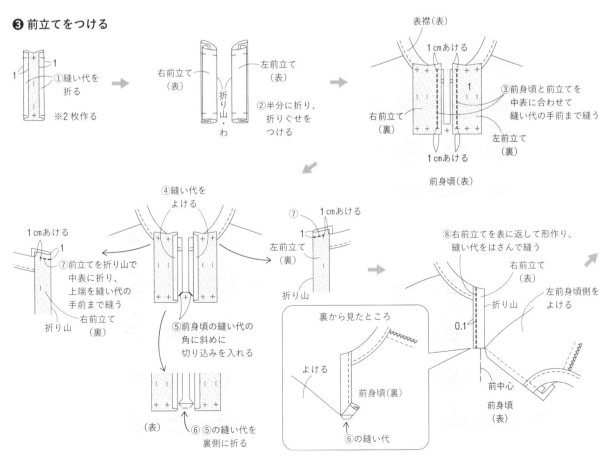

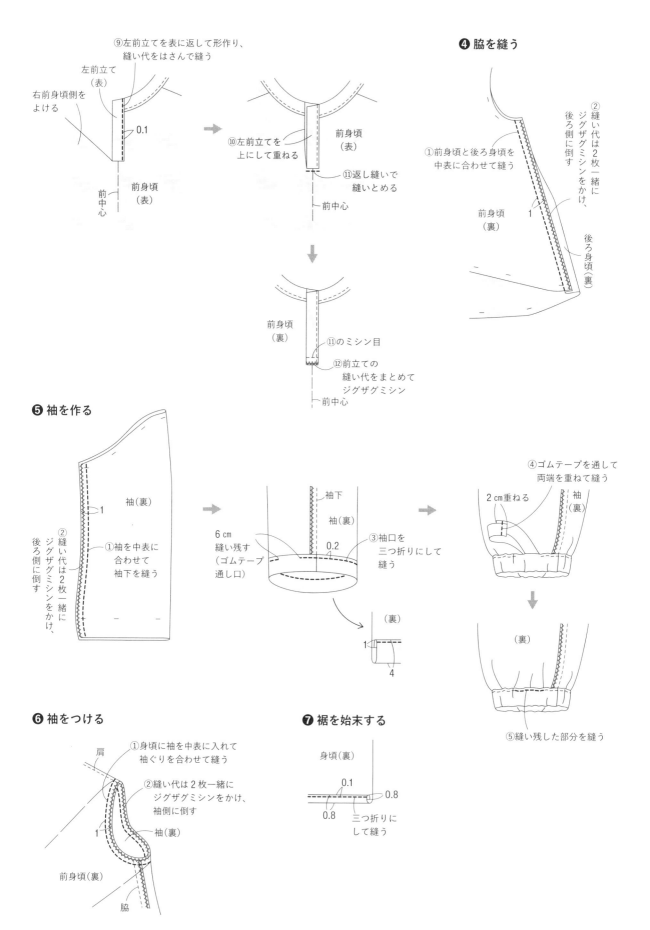

⑨左前立てを表に返して形作り、
　縫い代をはさんで縫う

左前立て
（表）

右前身頃側を
よける

0.1

前中心

前身頃
（表）

⑩左前立てを
　上にして重ねる

前身頃
（表）

⑪返し縫いで
　縫いとめる

前中心

❹ 脇を縫う

①前身頃と後ろ身頃を
　中表に合わせて縫う

前身頃
（裏）

②縫い代は2枚一緒に
　ジグザグミシンをかけ、
　後ろ側に倒す

1

後ろ身頃（裏）

前身頃
（裏）

⑪のミシン目

⑫前立ての
　縫い代をまとめて
　ジグザグミシン

前中心

❺ 袖を作る

袖（裏）

1

②縫い代は2枚一緒に
　ジグザグミシンを
　かけ、
　後ろ側に倒す

①袖を中表に
　合わせて
　袖下を縫う

袖下

袖（裏）

6 cm
縫い残す
（ゴムテープ
　通し口）

0.2

③袖口を
　三つ折りにして
　縫う

（裏）

1

4

④ゴムテープを通して
　両端を重ねて縫う

2 cm重ねる

袖
（裏）

（裏）

⑤縫い残した部分を縫う

❻ 袖をつける

肩

①身頃に袖を中表に入れて
　袖ぐりを合わせて縫う

②縫い代は2枚一緒に
　ジグザグミシンをかけ、
　袖側に倒す

1

袖（裏）

前身頃（裏）

脇

❼ 裾を始末する

身頃（裏）

0.1

0.8

0.8

0.8

三つ折りに
して縫う

ロージートップ

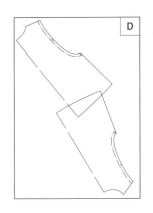

実物大型紙　D面［01］　1-前身頃、2-前袖ぐり見返し、3-後ろ身頃、4-後ろ袖ぐり見返し

＊襟ぐり用と後ろあき用バイアス布、ひもは裁ち合わせ図の寸法を参照して、布地に直接線を引いて裁つ

材料（左からS/M/Lサイズ）

リネン…110cm幅×160/160/170cm
接着芯（薄手）…60×50cm
直径1cmのボタン…1個

でき上がり寸法（左からS/M/Lサイズ）

着丈…58.5/60/61.5cm
バスト…99/102/105cm

裁ち合わせ図

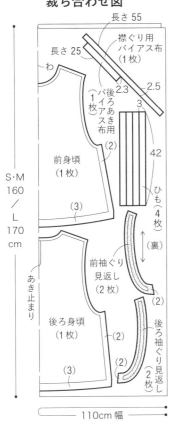

長さ55
襟ぐり用バイアス布（1枚）
長さ25
わ
後ろあきバイアス布用（1枚）
2.3　2.5
3
前身頃（1枚）
（3）
42
ひも（4枚）
（裏）
前袖ぐり見返し（2枚）
（2）
後ろ身頃（1枚）
（2）
後ろ袖ぐり見返し（2枚）
（2）
（2）
（3）
あき止まり

S・M 160／L 170 cm

110cm幅

※（　）内は縫い代。指定以外は1cm
※ \::::: は裏側に接着芯を貼る位置

作り方手順

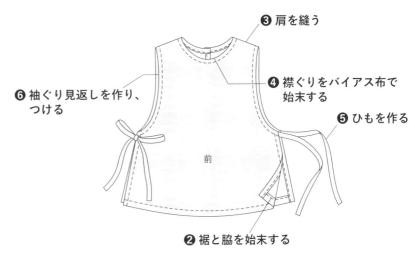

❸ 肩を縫う

❻ 袖ぐり見返しを作り、つける

❹ 襟ぐりをバイアス布で始末する

❺ ひもを作る

前

❷ 裾と脇を始末する

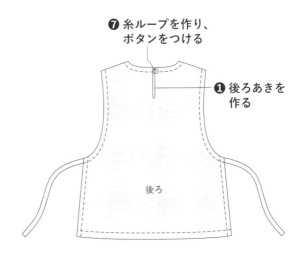

❼ 糸ループを作り、ボタンをつける

❶ 後ろあきを作る

後ろ

❶ 後ろあきを作る

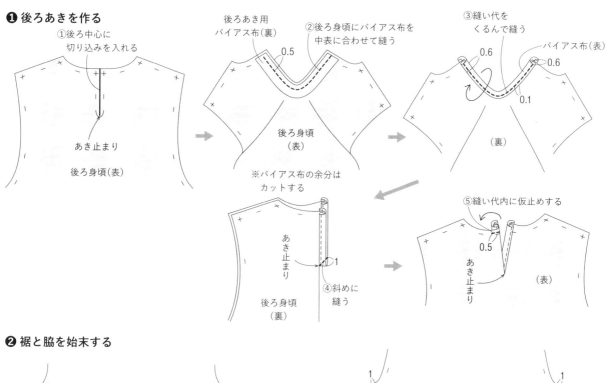

①後ろ中心に
切り込みを入れる

あき止まり

後ろ身頃(表)

後ろあき用
バイアス布(裏)

②後ろ身頃にバイアス布を
中表に合わせて縫う

0.5

後ろ身頃
(表)

※バイアス布の余分は
カットする

③縫い代を
くるんで縫う

0.6

バイアス布(表)

0.6

0.1

(裏)

あき止まり

1

④斜めに
縫う

後ろ身頃
(裏)

⑤縫い代内に仮止めする

0.5

あき止まり

(表)

❷ 裾と脇を始末する

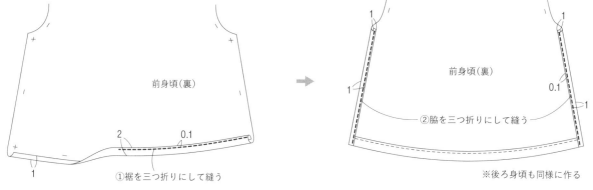

前身頃(裏)

2   0.1

1

①裾を三つ折りにして縫う

前身頃(裏)

1

0.1

1

②脇を三つ折りにして縫う

※後ろ身頃も同様に作る

❸ 肩を縫う

後ろ身頃
(表)

①前身頃と後ろ身頃を
中表に合わせて縫う

1

②縫い代は2枚一緒に
ジグザグミシンをかけ、
後ろ側に倒す

前身頃
(裏)

❹ 襟ぐりをバイアス布で始末する

襟ぐり用バイアス布(裏)

0.7

①片側を0.7cm折り、
折りぐせをつけておく

後ろ身頃(表)

あき止まり

0.7

1cm折る

肩

肩

1

バイアス布
(裏)

前身頃
(表)

②身頃にバイアス布を中表に
合わせて襟ぐりを縫う
※バイアス布の余分は
カットする

0.7

③縫い代を0.7cmに
切り揃える

④カーブの
きついところに
切り込みを入れる

(表)

⑤縫い代を身頃側に
倒して縫う

0.8

0.7

0.1

身頃(裏)

後ろ身頃(裏)

❺ ひもを作る

0.7
0.7
0.7
①折る
ひも（裏）
※片側のみ折り込む

0.8
わ
（表）
0.1
②四つ折りにして縫う
※4本作る

❻ 袖ぐり見返しを作り、つける

前袖ぐり見返し（裏）
1
1
①外まわりの縫い代を折り、折りぐせをつけておく
※後ろ袖ぐり見返しも同様

1
②前袖ぐり見返しと後ろ袖ぐり見返しを中表に合わせて縫う
後ろ袖ぐり見返し（表）
前袖ぐり見返し（裏）

④身頃と袖ぐり見返しを中表に合わせて縫う
③縫い代を割る
後ろ袖ぐり見返し（表）
1
⑤カーブに切り込みを入れる
前袖ぐり見返し（裏）
2
2
1
後ろ身頃（裏）
前身頃（表）

⑥袖ぐり見返しを身頃の裏側に倒して整え、縫う
0.1
前袖ぐり見返し（裏）
（裏）
1
2
1
前身頃（裏）
ひも
後ろ身頃（表）
※脇は袖ぐり見返しの縫い代を折り、ひもをはさんで縫う

❼ 糸ループを作り、ボタンをつける

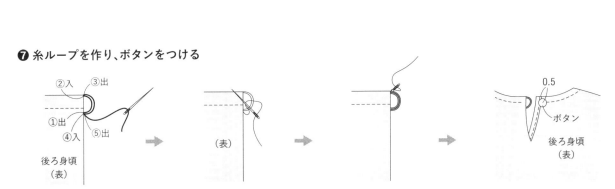

②入　③出
①出
④入　⑤出
後ろ身頃（表）
①2重にループを作る

（表）
②ループの糸の間に針を通し、結び目を作る

③②をくり返して結び目でループをうめる

0.5
ボタン
後ろ身頃（表）

エリアナパンツ

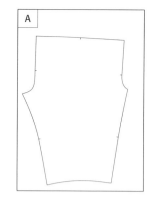

実物大型紙 A面 [04] 1-前後パンツ

*ウエストベルトは裁ち合わせ図の寸法を参照して、布地に直接線を引いて裁つ

材料(左からS/M/Lサイズ)

リネン…110cm幅×200/200/210cm

接着芯(薄手)…15×120cm

2.5cm幅のゴムテープ…67/70/73cm

*ゴムテープは先に切らずにウエストベルトに通してから切るとよい

でき上がり寸法(左からS/M/Lサイズ)

ヒップ…105.8/108.8/111.8cm

パンツ脇丈…85.5/88.5/91.5cm

裁ち合わせ図

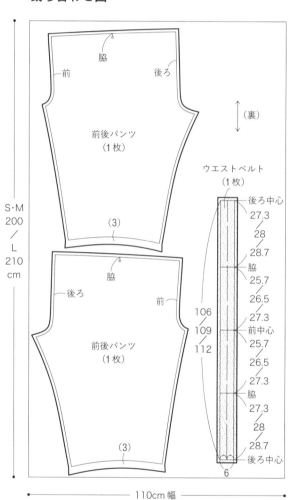

脇

前　後ろ

前後パンツ
(1枚)

(裏)

(3)

ウエストベルト
(1枚)

脇

後ろ

前

前後パンツ
(1枚)

(3)

後ろ中心
27.3
28
28.7
脇
25.7
26.5
27.3
前中心
25.7
26.5
27.3
脇
27.3
28
28.7
後ろ中心
6

S・M
200
／
L
210
cm

106
／
109
／
112

110cm幅

※( )内は縫い代。指定以外は1cm

※ ▭ は裏側に接着芯を貼る位置

作り方手順

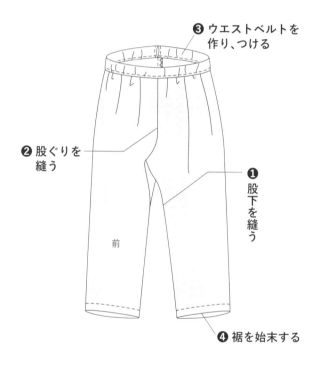

❸ ウエストベルトを
作り、つける

❷ 股ぐりを
縫う

❶ 股下を
縫う

前

❹ 裾を始末する

❶ 股下を縫う

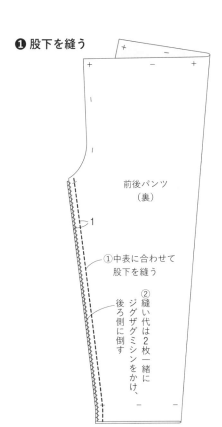

前後パンツ
(裏)

①中表に合わせて
股下を縫う

②縫い代は2枚一緒にジグザグミシンをかけ、後ろ側に倒す

1

❷ 股ぐりを縫う

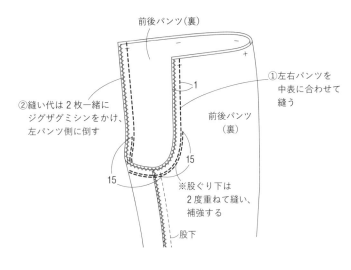

前後パンツ(裏)

①左右パンツを
中表に合わせて
縫う

②縫い代は2枚一緒に
ジグザグミシンをかけ、
左パンツ側に倒す

前後パンツ
(裏)

1

15

15

※股ぐり下は
2度重ねて縫い、
補強する

股下

❸ ウエストベルトを作り、つける

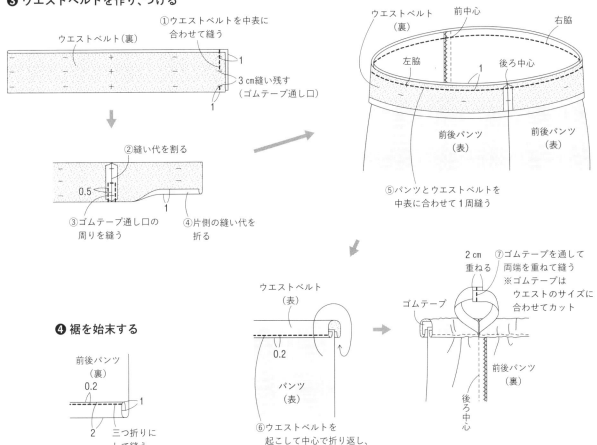

ウエストベルト(裏)

①ウエストベルトを中表に
合わせて縫う

1

3cm縫い残す
(ゴムテープ通し口)

1

②縫い代を割る

0.5

③ゴムテープ通し口の
周りを縫う

1

④片側の縫い代を
折る

ウエストベルト
(裏)

前中心

右脇

左脇

1

後ろ中心

前後パンツ
(表)

前後パンツ
(表)

⑤パンツとウエストベルトを
中表に合わせて1周縫う

ウエストベルト
(表)

0.2

パンツ
(表)

⑥ウエストベルトを
起こして中心で折り返し、
形を整えて縫う

2cm
重ねる

⑦ゴムテープを通して
両端を重ねて縫う
※ゴムテープは
ウエストのサイズに
合わせてカット

ゴムテープ

前後パンツ
(裏)

後ろ中心

❹ 裾を始末する

前後パンツ
(裏)

0.2

1

2

三つ折りに
して縫う

ミオトップ

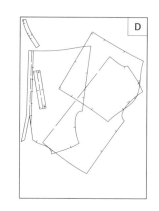

実物大型紙 D面［02］ 1-前身頃、2-後ろ身頃、3-襟、4-袖、5-カフス

*ひもは裁ち合わせ図の寸法を参照して、布地に直接線を引いて裁つ

材料（左からS/M/Lサイズ）

リネン…110cm幅×210/210/220cm
接着芯（薄手）…70×30cm
直径0.9cmのボタン…7個

でき上がり寸法（左からS/M/Lサイズ）

着丈…64.5/66/67.5cm
バスト…121.4/124.4/127.4cm

裁ち合わせ図

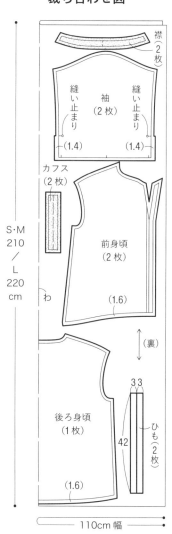

襟（2枚）

縫い止まり　袖（2枚）　縫い止まり
（1.4）　（1.4）

カフス（2枚）

前身頃（2枚）
（1.6）

（裏）

S・M 210 ／ L 220 cm

わ

3 3

後ろ身頃（1枚）
（1.6）

42

ひも（2枚）

— 110cm幅 —

※（　）内は縫い代。指定以外は1cm
※▨は裏側に接着芯を貼る位置

作り方手順

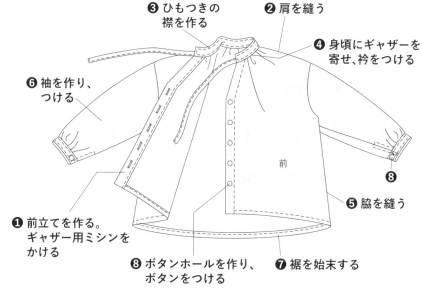

❸ ひもつきの襟を作る

❷ 肩を縫う

❹ 身頃にギャザーを寄せ、衿をつける

❻ 袖を作り、つける

❶ 前立てを作る。ギャザー用ミシンをかける

❽ ボタンホールを作り、ボタンをつける

❼ 裾を始末する

❽

❺ 脇を縫う

前

❽

後ろ

❶ 前立てを作る。ギャザー用ミシンをかける

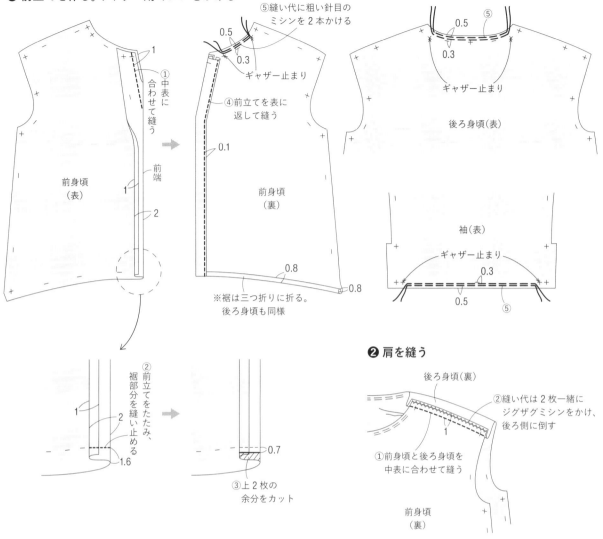

⑤縫い代に粗い針目の
ミシンを2本かける

0.5
0.3
ギャザー止まり

①中表に
合わせて縫う

1
前端
前身頃（表）
1
2

④前立てを表に
返して縫う
0.1
前身頃（裏）
0.8
0.8
※裾は三つ折りに折る。
後ろ身頃も同様

0.5
⑤
0.3
ギャザー止まり
後ろ身頃（表）

袖（表）
ギャザー止まり
0.3
0.5
⑤

②前立てをたたみ、
裾部分を縫い
止める
1
2
1.6
0.7
③上2枚の
余分をカット

❷ 肩を縫う

後ろ身頃（裏）
②縫い代は2枚一緒に
ジグザグミシンをかけ、
後ろ側に倒す
1
①前身頃と後ろ身頃を
中表に合わせて縫う
前身頃（裏）

❸ ひもつきの襟を作る

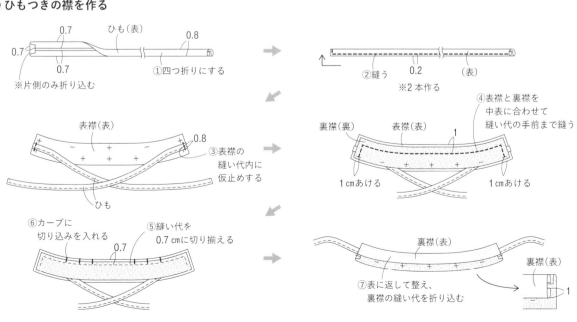

0.7
ひも（表）
0.8
0.7
0.7
※片側のみ折り込む
①四つ折りにする

②縫う
0.2
（表）
※2本作る

④表襟と裏襟を
中表に合わせて
縫い代の手前まで縫う
裏襟（裏）
表襟（表）
1
1cmあける
1cmあける

表襟（表）
0.8
③表襟の
縫い代内に
仮止めする
ひも

⑥カーブに
切り込みを入れる
0.7
⑤縫い代を
0.7cmに切り揃える

裏襟（表）
⑦表に返して整え、
裏襟の縫い代を折り込む
裏襟（表）
1

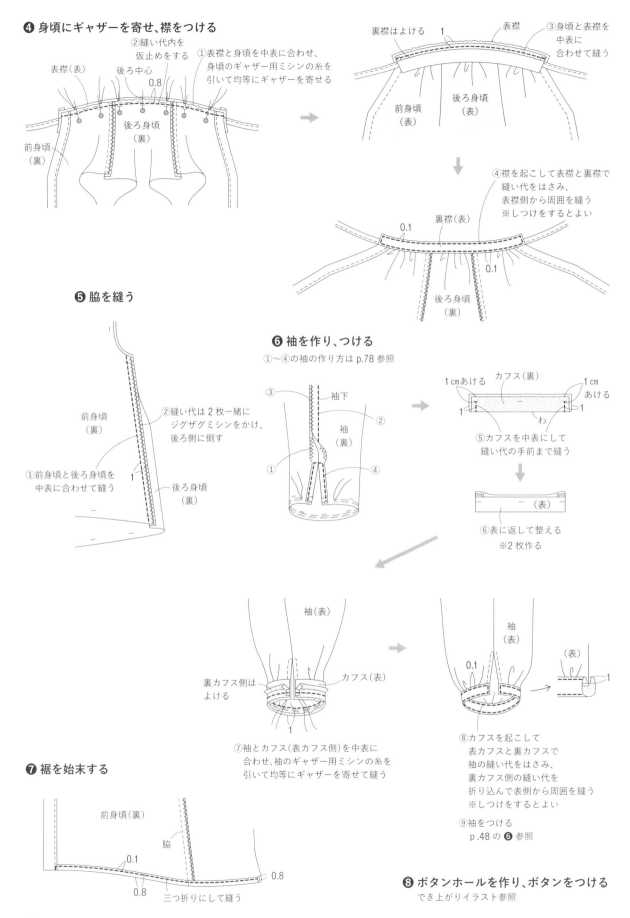

❹ 身頃にギャザーを寄せ、襟をつける

②縫い代内を
仮止めをする

①表襟と身頃を中表に合わせ、
身頃のギャザー用ミシンの糸を
引いて均等にギャザーを寄せる

表襟(表)
後ろ中心
0.8
後ろ身頃
(裏)
前身頃
(裏)

裏襟はよける
1
表襟
③身頃と表襟を
中表に
合わせて縫う
前身頃
(表)
後ろ身頃
(表)

④襟を起こして表襟と裏襟で
縫い代をはさみ、
表襟側から周囲を縫う
※しつけをするとよい

0.1
裏襟(表)
0.1
後ろ身頃
(裏)

❺ 脇を縫う

前身頃
(裏)

②縫い代は2枚一緒に
ジグザグミシンをかけ、
後ろ側に倒す

①前身頃と後ろ身頃を
中表に合わせて縫う
1
後ろ身頃
(裏)

❻ 袖を作り、つける
①～④の袖の作り方は p.78 参照

③
袖下
②
袖
(裏)
①
④

1cmあける
カフス(裏)
1cm
あける
1
わ
1
⑤カフスを中表にして
縫い代の手前まで縫う

(表)
⑥表に返して整える
※2枚作る

袖(表)

裏カフス側は
よける
カフス(表)

⑦袖とカフス(表カフス側)を中表に
合わせ、袖のギャザー用ミシンの糸を
引いて均等にギャザーを寄せて縫う

袖
(表)
0.1

(表)
1

⑧カフスを起こして
表カフスと裏カフスで
袖の縫い代をはさみ、
裏カフス側の縫い代を
折り込んで表側から周囲を縫う
※しつけをするとよい

⑨袖をつける
p.48 の ❻ 参照

❼ 裾を始末する

前身頃(裏)
脇
0.1
0.8
0.8
三つ折りにして縫う

❽ ボタンホールを作り、ボタンをつける
でき上がりイラスト参照

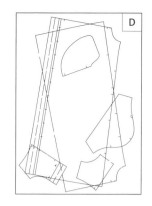

レンワンピース（半袖）

実物大型紙	D面［03］ 1-前ヨーク、2-前身頃、3-後ろヨーク、4-後ろ身頃、 5-袖、6-ポケット袋布

＊襟ぐり用バイアス布は裁ち合わせ図の寸法を参照して、布地に直接線を引いて裁つ

材料（左からS/M/Lサイズ）

リネン…110cm幅×290/300/310cm

1.2cm幅の伸び止め接着テープ…16cm×2本

直径1cmのボタン…12個

でき上がり寸法（左からS/M/Lサイズ）

着丈…109/113/117cm

バスト…152.6/155.6/158.6cm

裁ち合わせ図

作り方手順

❸ 襟ぐりをバイアス布で始末し、後ろ立てを作る

❺ 袖を作り、つける

❷ 肩を縫う

❶ 身頃にギャザーを寄せ、ヨークと縫い合わせる

❹ ポケットを作り、脇を縫う（p.51 ❸ 参照）

❶

❸

❼ ボタンホールを作り、ボタンをつける

❻ 裾を始末する

前

後ろ

長さ 55

袋布（2枚）

袋布（2枚）

2.5

襟ぐり用バイアス布（1枚）

わ

袖（2枚）（2）

後ろヨーク（2枚）

前ヨーク（1枚）

（0）

S 290／M 300／L 310 cm

（裏）前身頃（1枚）

1

ポケット口

1

（2）

（0）

後ろ身頃（2枚）

（2）

（2）

※（　）内は縫い代。指定以外は1cm

※ ▨ は裏側に伸び止め接着テープを貼る位置

110cm幅

❶ 身頃にギャザーを寄せ、ヨークと縫い合わせる

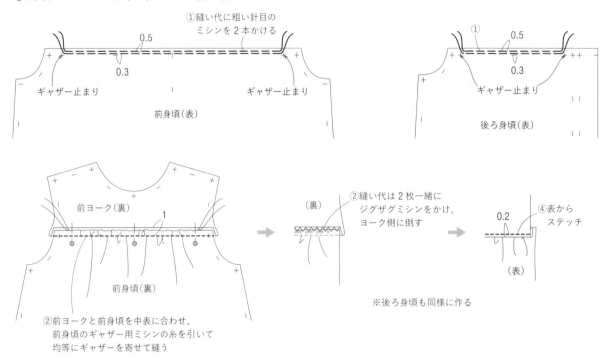

①縫い代に粗い針目の
ミシンを2本かける

0.5
0.3

ギャザー止まり　　　　ギャザー止まり

前身頃(表)

①

0.5
0.3

ギャザー止まり

後ろ身頃(表)

前ヨーク(裏)

1

前身頃(裏)

②前ヨークと前身頃を中表に合わせ、
前身頃のギャザー用ミシンの糸を引いて
均等にギャザーを寄せて縫う

(裏)

②縫い代は2枚一緒に
ジグザグミシンをかけ、
ヨーク側に倒す

0.2

④表から
ステッチ

(表)

※後ろ身頃も同様に作る

❷ 肩を縫う

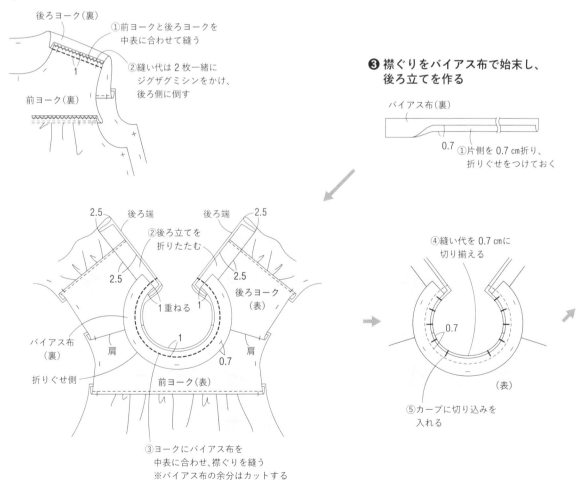

後ろヨーク(裏)

①前ヨークと後ろヨークを
中表に合わせて縫う

1

②縫い代は2枚一緒に
ジグザグミシンをかけ、
後ろ側に倒す

前ヨーク(裏)

❸ 襟ぐりをバイアス布で始末し、後ろ立てを作る

バイアス布(裏)

0.7

①片側を0.7cm折り、
折りぐせをつけておく

2.5　後ろ端

②後ろ立てを
折りたたむ

2.5

後ろ端　2.5

2.5

後ろヨーク
(表)

1重ねる　1

バイアス布
(裏)

肩

1

0.7

肩

折りぐせ側

前ヨーク(表)

③ヨークにバイアス布を
中表に合わせ、襟ぐりを縫う
※バイアス布の余分はカットする

④縫い代を0.7cmに
切り揃える

0.7

(表)

⑤カーブに切り込みを
入れる

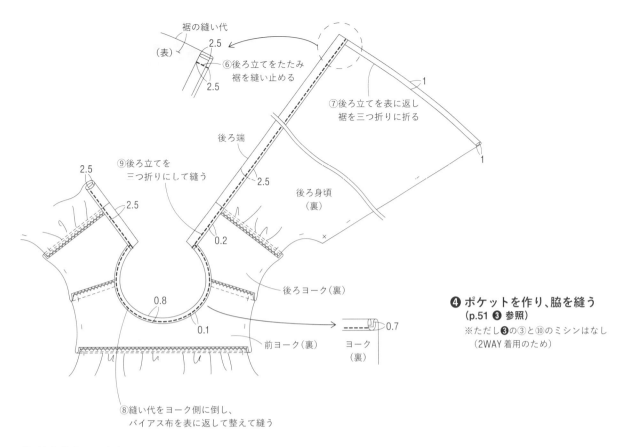

裾の縫い代
2.5
(表)
⑥後ろ立てをたたみ
裾を縫い止める
2.5

⑦後ろ立てを表に返し
裾を三つ折りに折る
1

後ろ端

⑨後ろ立てを
三つ折りにして縫う
2.5
2.5

後ろ身頃
(裏)
2.5
0.2

0.8
0.1

後ろヨーク(裏)

前ヨーク(裏)

ヨーク
(裏)
0.7

⑧縫い代をヨーク側に倒し、
バイアス布を表に返して整えて縫う

❹ ポケットを作り、脇を縫う
（p.51 ❸ 参照）
※ただし❸の③と⑩のミシンはなし
（2WAY着用のため）

❺ 袖を作り、つける

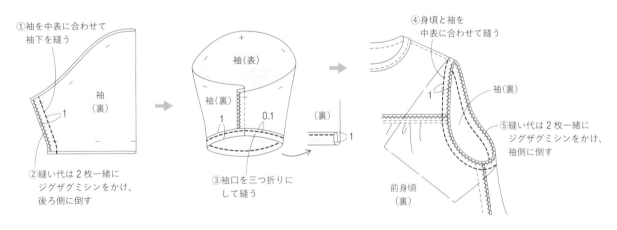

①袖を中表に合わせて
袖下を縫う

袖(裏)
1

②縫い代は2枚一緒に
ジグザグミシンをかけ、
後ろ側に倒す

袖(表)

袖(裏)
1
0.1

(裏)
1

③袖口を三つ折りに
して縫う

④身頃と袖を
中表に合わせて縫う

1
袖(裏)

⑤縫い代は2枚一緒に
ジグザグミシンをかけ、
袖側に倒す

前身頃
(裏)

❻ 裾を始末する

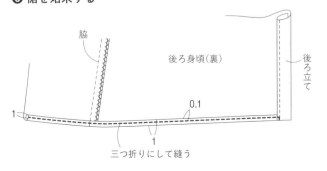

脇

後ろ身頃(裏)

後ろ立て

1
0.1
1

三つ折りにして縫う

❼ ボタンホールを作り、
ボタンをつける
でき上がりイラスト参照

レンワンピース（長袖）

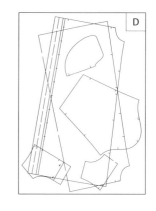

実物大型紙　　D面［04］　1-前ヨーク、2-前身頃、3-後ろヨーク、4-後ろ身頃、
　　　　　　　　　　　　5-袖、6-ポケット袋布
　　　　　　　＊襟ぐり用バイアス布は裁ち合わせ図の寸法を参照して、布地に直接線を引いて裁つ

材料（左からS/M/Lサイズ）

リネン…110cm幅×320/330/340cm
1.2cm幅の伸び止め接着テープ…16cm×2本
直径1cmのボタン…12個

でき上がり寸法（左からS/M/Lサイズ）

着丈…109/113/117cm
バスト…152.6/155.6/158.6cm

裁ち合わせ図

作り方手順

p.75のワンピースと同様。ただし袖の作り方は下図参照。

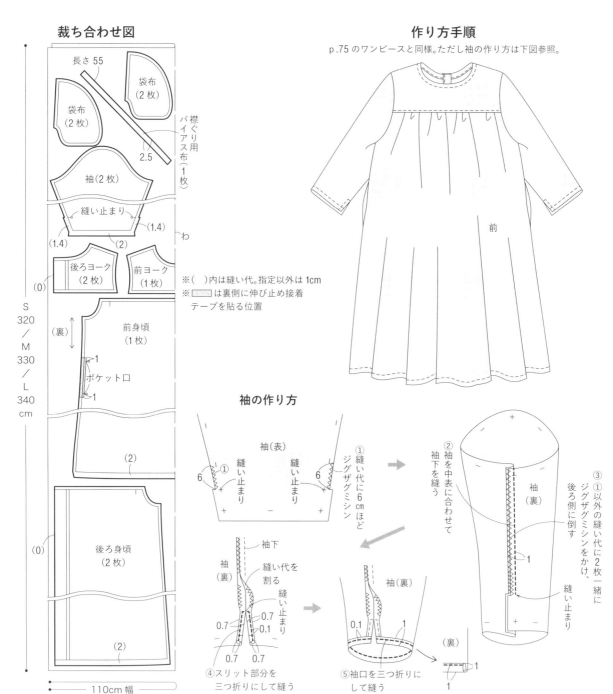

袖の作り方

アシャトップ

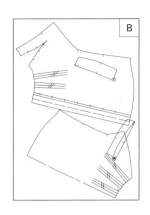

B

実物大型紙　　B面［03］　1-前身頃、2-後ろ身頃、3-表襟、4-地襟

＊襟ぐり用バイアス布は裁ち合わせ図の寸法を参照して、布地に直接線を引いて裁つ

材料（左からS/M/Lサイズ）

リネン…110cm幅×180/180/190cm

接着芯（薄手）…50×50cm

直径1.2cmのボタン…8個

でき上がり寸法（左からS/M/Lサイズ）

着丈…60.2/61.7/63.2cm

バスト…124.6/127.6/130.6cm

裁ち合わせ図

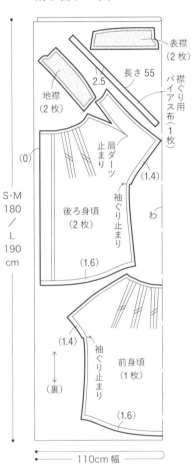

表襟
(2枚)

地襟
(2枚)

2.5

長さ55

襟ぐり用
バイアス布
(1枚)

(0)

肩ダーツ止まり

(1.4)

後ろ身頃
(2枚)

袖ぐり止まり

わ

S・M
180
／
L
190
cm

(1.6)

(1.4)

袖ぐり止まり

前身頃
(1枚)

(裏)

(1.6)

← 110cm幅 →

※（　）内は縫い代。指定以外は1cm

※ ▨ は裏側に接着芯を貼る位置

作り方手順

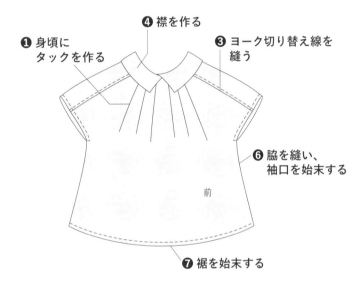

❶ 身頃に
タックを作る

❹ 襟を作る

❸ ヨーク切り替え線を
縫う

❻ 脇を縫い、
袖口を始末する

前

❼ 裾を始末する

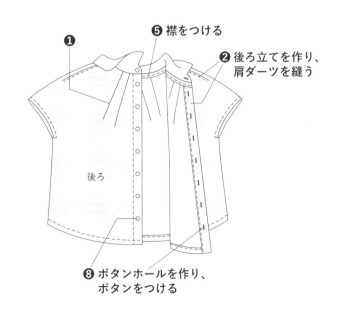

❶

❺ 襟をつける

❷ 後ろ立てを作り、
肩ダーツを縫う

後ろ

❽ ボタンホールを作り、
ボタンをつける

❶ 身頃にタックを作る

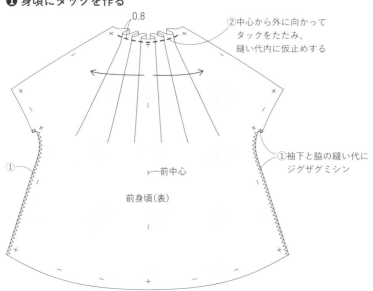

0.8

②中心から外に向かって
タックをたたみ、
縫い代内に仮止めする

①袖下と脇の縫い代に
ジグザグミシン

←前中心

前身頃（表）

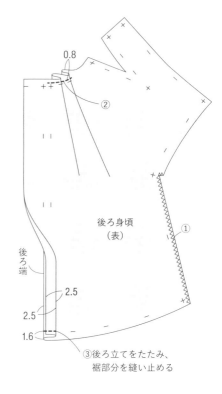

0.8

②

後ろ身頃
（表）

①

後ろ端

2.5

2.5

1.6

③後ろ立てをたたみ、
裾部分を縫い止める

❷ 後ろ立てを作り、肩ダーツを縫う

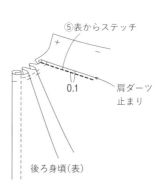

③肩ダーツを縫う

1

2.5

肩ダーツ止まり

④縫い代は2枚一緒に
ジグザグミシンをかけ、
後ろ側に倒す

②後ろ立てを
三つ折りにして縫う

後ろ身頃
（裏）

2.5

0.2

後ろ端

0.8

0.8

①後ろ立てを表に返して
裾を三つ折りに折る。
前身頃も同様

（裏）

2.5

⑤表からステッチ

0.1

肩ダーツ
止まり

後ろ身頃（表）

❸ ヨーク切り替え線を縫う

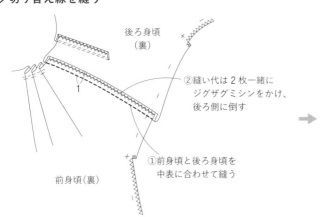

後ろ身頃
（裏）

②縫い代は2枚一緒に
ジグザグミシンをかけ、
後ろ側に倒す

1

①前身頃と後ろ身頃を
中表に合わせて縫う

前身頃（裏）

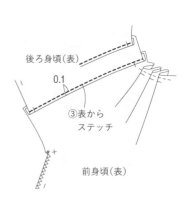

後ろ身頃（表）

0.1

③表から
ステッチ

前身頃（表）

❹ 襟を作る

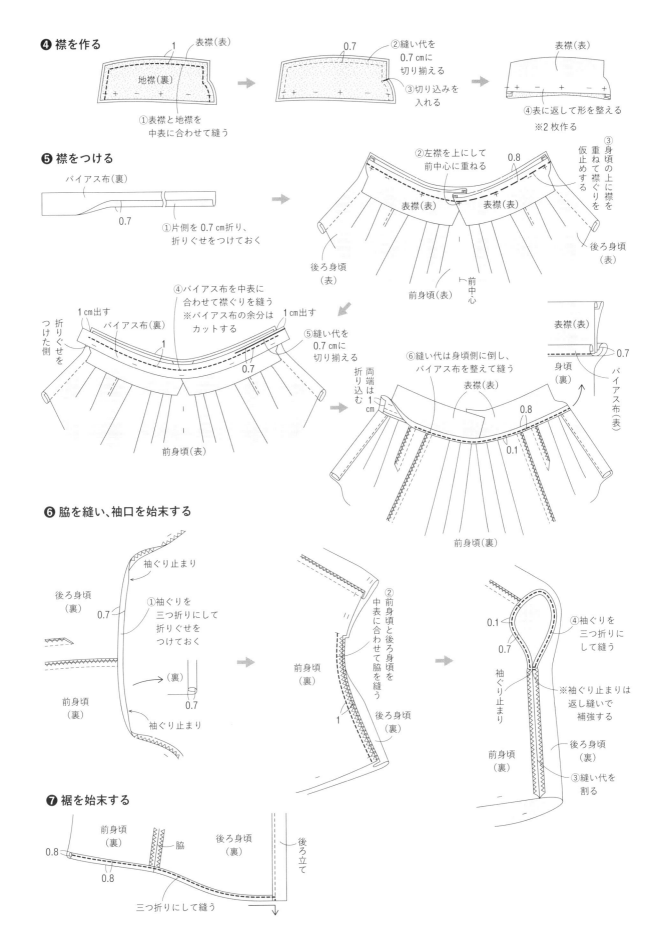

表襟（表）
1
地襟（裏）
①表襟と地襟を
中表に合わせて縫う

0.7
②縫い代を
0.7cmに
切り揃える
③切り込みを
入れる

表襟（表）
④表に返して形を整える
※2枚作る

❺ 襟をつける

バイアス布（裏）
0.7
①片側を0.7cm折り、
折りぐせをつけておく

②左襟を上にして
前中心に重ねる
0.8
③身頃の上に襟を
重ねて襟ぐりを
仮止めする

表襟（表）
表襟（表）
後ろ身頃（表）
後ろ身頃（表）
前身頃（表）
前中心

折りぐせをつけた側
1cm出す
バイアス布（裏）
1
0.7
④バイアス布を中表に
合わせて襟ぐりを縫う
※バイアス布の余分は
カットする
1cm出す
⑤縫い代を
0.7cmに
切り揃える
前身頃（表）

両端は折り込む1cm

⑥縫い代は身頃側に倒し、
バイアス布を整えて縫う
表襟（表）
0.8
0.1
前身頃（裏）

表襟（表）
0.7
身頃（裏）
バイアス布（表）

❻ 脇を縫い、袖口を始末する

袖ぐり止まり
後ろ身頃（裏）
0.7
①袖ぐりを
三つ折りにして
折りぐせを
つけておく
（裏）
0.7
前身頃（裏）
袖ぐり止まり

②前身頃と後ろ身頃を
中表に合わせて脇を縫う
前身頃（裏）
1
後ろ身頃（裏）

0.1
0.7
袖ぐり止まり
④袖ぐりを
三つ折りに
して縫う
※袖ぐり止まりは
返し縫いで
補強する
前身頃（裏）
後ろ身頃（裏）
③縫い代を
割る

❼ 裾を始末する

前身頃（裏）
脇
後ろ身頃（裏）
後ろ立て
0.8
0.8
三つ折りにして縫う

ジュリアオーバードレス

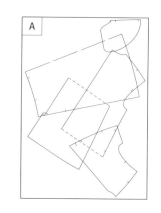

実物大型紙　**A面 [05]**　1- 前身頃、2- 前スカート、3- 後ろ身頃、4- ポケット袋布
＊後ろ身頃は2つのパーツに分かれています。印でつなげてください

材料（左からS/M/Lサイズ）

リネン…110cm幅×230/240/250cm
1.2cm幅の伸び止め接着テープ…16cm×2本

でき上がり寸法（左からS/M/Lサイズ）

着丈…96/100/104cm
バスト…104.6/107.6/110.6cm

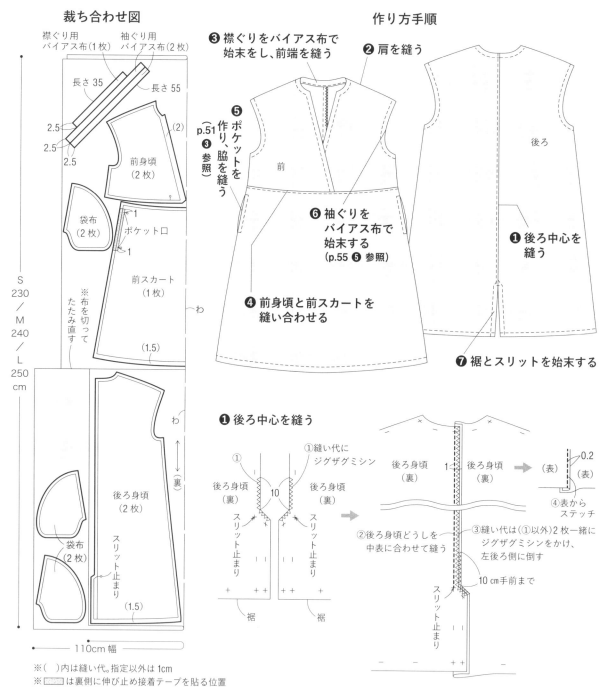

裁ち合わせ図

襟ぐり用バイアス布（1枚）
袖ぐり用バイアス布（2枚）
長さ 35
長さ 55
2.5
2.5
2.5
前身頃（2枚）
(2)
袋布（2枚）
1
ポケット口
1
前スカート（1枚）
わ
(1.5)
※布を切ってたたみ直す
S 230 / M 240 / L 250 cm
わ
（裏）
後ろ身頃（2枚）
袋布（2枚）
スリット止まり
(1.5)
110cm 幅

※（ ）内は縫い代。指定以外は1cm
※ ▨ は裏側に伸び止め接着テープを貼る位置

作り方手順

❸ 襟ぐりをバイアス布で始末をし、前端を縫う

❷ 肩を縫う

❺ ポケットを作り、脇を縫う（p.51 ❸ 参照）

前

❻ 袖ぐりをバイアス布で始末する（p.55 ❺ 参照）

❹ 前身頃と前スカートを縫い合わせる

後ろ

❶ 後ろ中心を縫う

❼ 裾とスリットを始末する

❶ 後ろ中心を縫う

① ①縫い代にジグザグミシン
後ろ身頃（裏）
10
後ろ身頃（裏）
スリット止まり
スリット止まり
裾
裾

後ろ身頃（裏）
1
後ろ身頃（裏）
②後ろ身頃どうしを中表に合わせて縫う
③縫い代は（①以外）2枚一緒にジグザグミシンをかけ、左後ろ側に倒す
10cm手前まで
スリット止まり

0.2
（表）
（表）
④表からステッチ

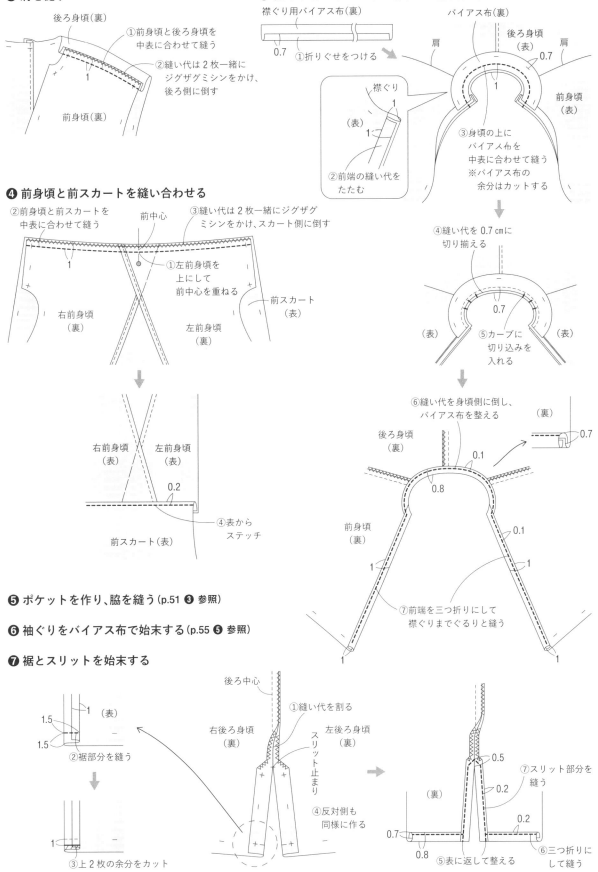

❷ 肩を縫う

後ろ身頃（裏）

①前身頃と後ろ身頃を
中表に合わせて縫う

②縫い代は2枚一緒に
ジグザグミシンをかけ、
後ろ側に倒す

前身頃（裏）

❸ 襟ぐりをバイアス布で始末をし、前端を縫う

襟ぐり用バイアス布（裏）

0.7

①折りぐせをつける

襟ぐり

（表）

②前端の縫い代を
たたむ

バイアス布（裏）

後ろ身頃（表）

肩

0.7

前身頃（表）

肩

③身頃の上に
バイアス布を
中表に合わせて縫う
※バイアス布の
余分はカットする

④縫い代を0.7cmに
切り揃える

0.7

（表）

（表）

⑤カーブに
切り込みを
入れる

⑥縫い代を身頃側に倒し、
バイアス布を整える

後ろ身頃（裏）

0.1

（裏）

0.7

0.8

前身頃（裏）

0.1

1

1

⑦前端を三つ折りにして
襟ぐりまでぐるりと縫う

1

1

❹ 前身頃と前スカートを縫い合わせる

②前身頃と前スカートを
中表に合わせて縫う

前中心

③縫い代は2枚一緒にジグザグ
ミシンをかけ、スカート側に倒す

1

①左前身頃を
上にして
前中心を重ねる

右前身頃（裏）

左前身頃（裏）

前スカート（表）

右前身頃（表）

左前身頃（表）

0.2

④表から
ステッチ

前スカート（表）

❺ ポケットを作り、脇を縫う（p.51 ❸ 参照）

❻ 袖ぐりをバイアス布で始末する（p.55 ❺ 参照）

❼ 裾とスリットを始末する

1.5

1.5

（表）

1

②裾部分を縫う

1

③上2枚の余分をカット

後ろ中心

右後ろ身頃（裏）

①縫い代を割る

左後ろ身頃（裏）

スリット止まり

④反対側も
同様に作る

（裏）

0.5

0.2

⑦スリット部分を
縫う

0.2

0.7

0.8

⑤表に返して整える

⑥三つ折りに
して縫う

レヴィパンツ／レヴィパンツ ワイド

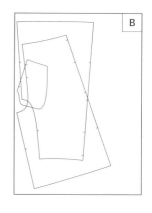

B

実物大型紙 B面［04］［05］ 1-前パンツ、2-後ろパンツ、3-ポケット袋布
*ウエストベルトは裁ち合わせ図の寸法を参照して、布地に直接線を引いて裁つ

材料（左からS/M/Lサイズ）

リネン…110cm幅×250/250/260cm

接着芯…15×120cm

1.2cm幅の伸び止め接着テープ…16cm×2本

4.5cm幅のゴムテープ（ウエスト用）…69/72/75cm
*ゴムテープは先に切らずにウエストベルトに通してから切るとよい

1.5cm幅のゴムテープ（レヴィパンツのみ裾用）
…47/48/49cmを2本

でき上がり寸法（左からS/M/Lサイズ）

ヒップ…118.6/121.6/124.6cm

パンツ脇丈…84.8/87.8/90.8cm

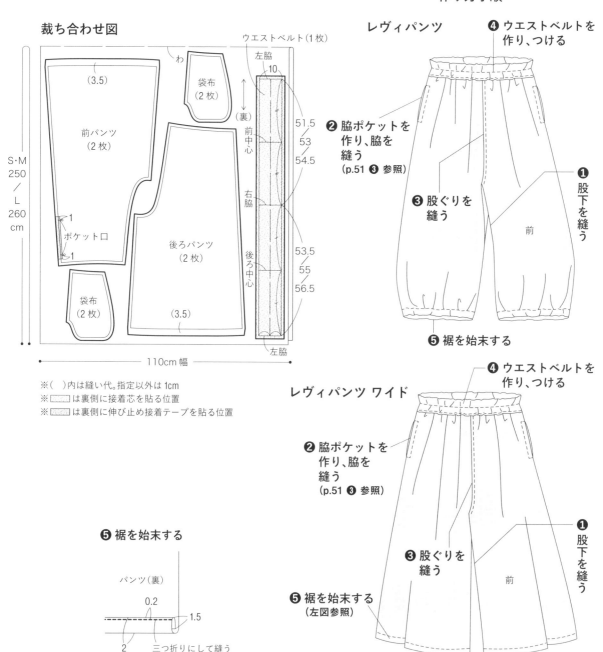

裁ち合わせ図

ウエストベルト（1枚）

わ

袋布
（2枚）

（裏）

左脇

前中心

10

51.5
53
54.5

前パンツ
（2枚）

（3.5）

右脇

S・M
250
／
L
260
cm

1
ポケット口
1

後ろ中心

後ろパンツ
（2枚）

53.5
55
56.5

袋布
（2枚）

（3.5）

左脇

110cm幅

※（ ）内は縫い代。指定以外は1cm
※□は裏側に接着芯を貼る位置
※□は裏側に伸び止め接着テープを貼る位置

作り方手順

レヴィパンツ

❹ ウエストベルトを
作り、つける

❷ 脇ポケットを
作り、脇を
縫う
（p.51 ❸ 参照）

❸ 股ぐりを
縫う

❶ 股下を縫う

前

❺ 裾を始末する

レヴィパンツ ワイド

❹ ウエストベルトを
作り、つける

❷ 脇ポケットを
作り、脇を
縫う
（p.51 ❸ 参照）

❸ 股ぐりを
縫う

❶ 股下を縫う

前

❺ 裾を始末する
（左図参照）

❺ 裾を始末する

パンツ（裏）

0.2

1.5

2 三つ折りにして縫う

❶ 股下を縫う

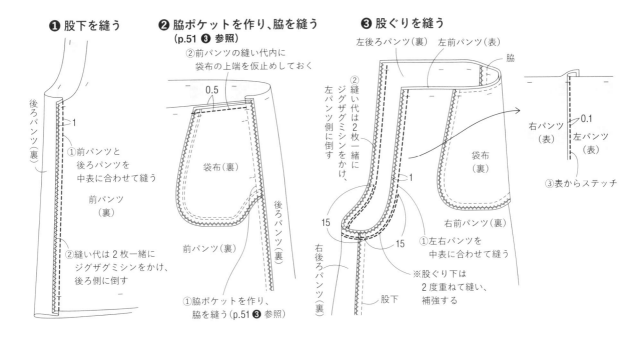

後ろパンツ（裏）

①前パンツと後ろパンツを中表に合わせて縫う

1

前パンツ（裏）

②縫い代は2枚一緒にジグザグミシンをかけ、後ろ側に倒す

❷ 脇ポケットを作り、脇を縫う（p.51 ❸ 参照）

②前パンツの縫い代内に袋布の上端を仮止めしておく

0.5

袋布（裏）

前パンツ（裏）

後ろパンツ（裏）

①脇ポケットを作り、脇を縫う（p.51 ❸ 参照）

❸ 股ぐりを縫う

左後ろパンツ（裏）　左前パンツ（表）

脇

②縫い代は2枚一緒にジグザグミシンをかけ、左パンツ側に倒す

右パンツ（表）　0.1　左パンツ（表）

③表からステッチ

1

袋布（裏）

15

15

右前パンツ（裏）

右後ろパンツ（裏）

股下

①左右パンツを中表に合わせて縫う

※股ぐり下は2度重ねて縫い、補強する

❹ ウエストベルトを作り、つける

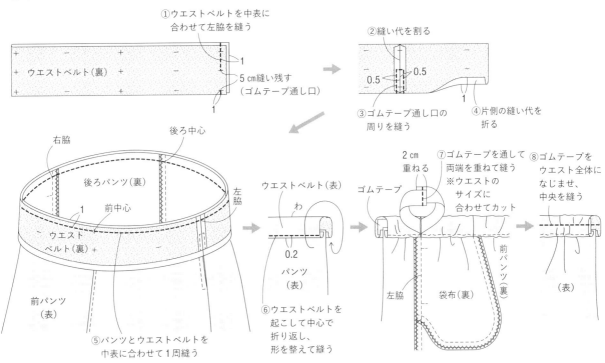

①ウエストベルトを中表に合わせて左脇を縫う

ウエストベルト（裏）

1

5 cm縫い残す（ゴムテープ通し口）

1

②縫い代を割る

0.5　0.5

1

③ゴムテープ通し口の周りを縫う

④片側の縫い代を折る

右脇　　後ろ中心

後ろパンツ（裏）

1

前中心

左脇

ウエストベルト（裏）

前パンツ（表）

⑤パンツとウエストベルトを中表に合わせて1周縫う

ウエストベルト（表）

わ

0.2

パンツ（表）

⑥ウエストベルトを起こして中心で折り返し、形を整えて縫う

2 cm重ねる

ゴムテープ

⑦ゴムテープを通して両端を重ねて縫う
※ウエストのサイズに合わせてカット

左脇　袋布（裏）

前パンツ（裏）

⑧ゴムテープをウエスト全体になじませ、中央を縫う

（表）

❺ 裾を始末する（レヴィパンツの場合）

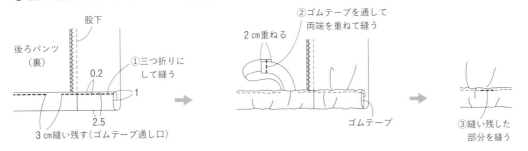

股下

後ろパンツ（裏）

0.2

①三つ折りにして縫う

1

2.5

3 cm縫い残す（ゴムテープ通し口）

②ゴムテープを通して両端を重ねて縫う

2 cm重ねる

ゴムテープ

③縫い残した部分を縫う

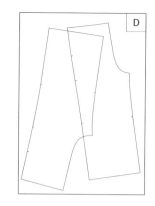

p.15

ペチパンツ

実物大型紙　D面［05］　1-前パンツ、2-後ろパンツ

材料（左からS/M/Lサイズ）

リネン…110cm幅×210/210/220cm

1.5cm幅のゴムテープ…67/70/73cm
＊ゴムテープは先に切らずにウエストベルトに通してから切るとよい

でき上がり寸法（左からS/M/Lサイズ）

ヒップ…103/106/109cm

パンツ脇丈…89/92/95cm

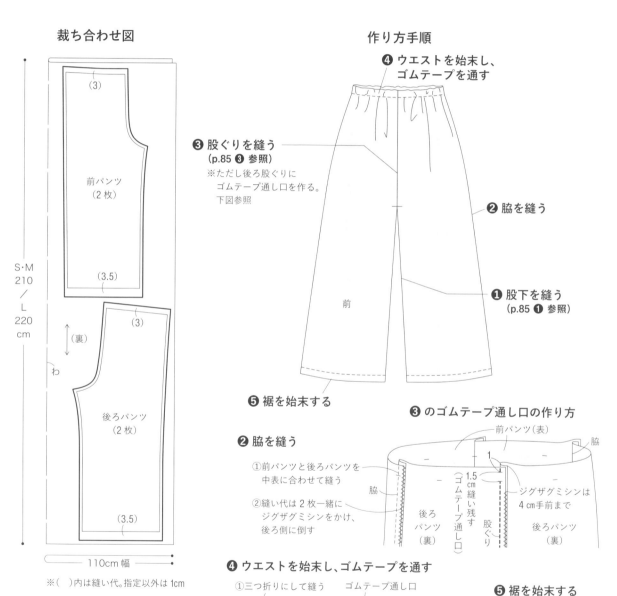

裁ち合わせ図

（3）

前パンツ
（2枚）

（3.5）

S・M 210 ／ L 220 cm

（3）

（裏）

わ

後ろパンツ
（2枚）

（3.5）

110cm幅

※（　）内は縫い代。指定以外は1cm

作り方手順

❹ ウエストを始末し、ゴムテープを通す

❸ 股ぐりを縫う
（p.85 ❸ 参照）
※ただし後ろ股ぐりにゴムテープ通し口を作る。
下図参照

❷ 脇を縫う

前

❶ 股下を縫う
（p.85 ❶ 参照）

❺ 裾を始末する

❷ 脇を縫う

①前パンツと後ろパンツを中表に合わせて縫う

②縫い代は2枚一緒にジグザグミシンをかけ、後ろ側に倒す

❸ のゴムテープ通し口の作り方

前パンツ（表）

脇

後ろパンツ（裏）

脇

1.5cm縫い残す（ゴムテープ通し口）

股ぐり

1

ジグザグミシンは4cm手前まで

後ろパンツ（裏）

❹ ウエストを始末し、ゴムテープを通す

①三つ折りにして縫う

ゴムテープ通し口

②ゴムテープを通して両端を重ねて縫う
（p.85 ❹の⑦参照）

2　0.2

後ろパンツ（裏）

（裏）

1

❺ 裾を始末する

パンツ（裏）

0.2

1

2.5

三つ折りにして縫う

〈服を作ること、着る愉しみ〉

縁あってfog linen workの仕事に携わるようになって5年になります。
打ち合わせでfogのショップに入ると、生活雑貨と一緒に気持ちよ
さそうにリネンの服が、一年中、並んでいます。まるで暮らしの中
に寄り添うように。
リネンは速乾性があって夏の素材のイメージですが、冬は重ね着す
ることで保温性が高くなり、一年中着られる素材なのです。

今回ソーイングブックの企画に声をかけていただき、服を作る愉し
さについて考えました。
「作りやすいもの」
「シンプルだけどバランスが良くて洒落ているもの」
「いろいろな着方を愉しめる（前後を逆に着ても着にくくない構造）」
そんな形を選びました。

この本の型紙は3サイズあります。もともとfogの洋服はone size
fit allでワンサイズでもいろんな体形の方に合うようデザインして作
られていますから、身長や体形に合わせてだけではなく、どんな雰
囲気に着たいか、例えばカジュアルにルーズに着たいなら大きい
サイズを、コンパクトに大人っぽく着たいなら小さいサイズで作っ
てみるとよいかと思います。
決まりごとはなく、自由な発想のベースになるものになってもらえた
らと思います。
ポケットをつけるのが大変そう、そう思ったらポケットはつけなくて
も大丈夫。

日々いろいろなことがあります。そんな中、新しい洋服を買ったり
作ったりすることは、気持ちを明るくしてくれます。
どんな生地にしようかな、どの形を作ってみよう、でき上がったらど
んな靴と合わせようか、そしてどこへ着ていこう。
ひとつひとつがつながっていきます。
服を作ることがそんな日常のささやかな愉しみになってくれたら、
とても嬉しく思います。

フリーランスパタンナー｜ キタ ユキコ

Staff

デザイン　TAKAIYAMA inc.
写真　清水奈緒
リトアニアの写真　Jenny Hallengren
スタイリング　田中美和子
ヘア＆メイク　斎藤紅葉
作り方解説　網田ようこ
トレース　加山明子
グレーディング　（有）セリオ
型紙配置　八文字則子
校正　向井雅子
編集　宇並江里子（KADOKAWA）

モデル　安藤ひろみ　身長170cm（Mサイズ着用）

fog linen work

普段使いをテーマに、リネンの製品を作るブランド。シンプルなデザインのキッチンリネンやベッドリネン、ウエアなど、日々の暮らしに寄り添うたくさんのアイテムがある。商品は全てオリジナルでリトアニアのファクトリーで生産。いろいろなライフスタイルの方の暮らしの中で役に立つ製品を作りたいと思っている。東京・下北沢に実店舗がある。

———

https://foglinenwork.com/
Instagram ｜ @foglinenwork

キタ ユキコ

パタンナー。デザイン専門学校を卒業後、アパレルメーカー、コレクションブランドを経て、2012年に独立。2018年より、フリーランスのパタンナーとして、fog linen workのパターン作りに参加。CADで作るというよりもCADを道具のひとつとして活用し、トワルの大切さ、立体にこだわった服作りを心掛けている。素敵な服はハンガーに吊るしてあるだけでも表情があって、人が袖を通した時に一層その良さがひきたつことを目指している。

FOG LINEN WORK の服　パターンの本

2024年3月4日　初版発行
2024年6月10日　3版発行

著　　　　　fog linen work
パタンナー　キタ ユキコ
発行者　　　山下 直久

発行　　　　株式会社KADOKAWA　〒102-8177　東京都千代田区富士見2-13-3
電話　　　　0570-002-301（ナビダイヤル）

印刷所　　　TOPPAN株式会社
製本所　　　TOPPAN株式会社